Alles, was rund ist

Juliane Pieper

Alles, was rund ist

Meatballs, Fishballs, Veggieballs, Sweetballs

Verlagshaus Jacoby 🏠 Stuart

Inhalt

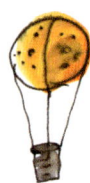

Liebe Leserin und lieber Leser,

irgendwann Mitte des Jahres 2013 saß ich mit dem Verlegerehepaar Nicola Stuart & Edmund Jacoby zusammen. Wir tranken Wein und plauderten, doch dann konnten Nicola Stuart und ich nicht mehr aufhören, über Essen und Kochen zu sprechen. Gerne gegessen habe ich schon immer, gerne gekocht auch. Möglicherweise erzählte ich von einer meiner spontanen Kochkreationen wie den albanischen extra scharfen Köfte oder den Dänischen Pfannkuchenbällchen mit Apfelkompott oder aber den Bohnenbällchen mit Roter Bete. Die Inspiration für meine Rezepte hole ich mir beim Reisen, beim Blättern in Kochbüchern und natürlich beim Öffnen des Kühlschranks.

Nach all meinen Ausbreitungen zum Thema Essen schlugen mir die Verleger vor, ein illustriertes Kochbuch mit meinen Rezepten und Bildern zu verlegen. Ich wäre natürlich nie selbst darauf gekommen. Manchmal sieht man das Fleisch vor lauter Klößen nicht. Deswegen braucht man gute Gesprächspartner, die den richtigen Knopf drücken, nicht nur am Herd.

An eine kulinarische Reise um die Welt dachten wir, und an eine ganz bestimmte Formgebung der Köstlichkeiten. Nicht das Rad sollte neu erfunden werden, sondern – immerhin – das Bällchen. So kamen wir auf *Alles, was rund ist*. Bällchen aus Gemüse, Fisch oder Fleisch, die raffiniert, lecker und meistens schnell herzustellen sind und entweder mit einer leckeren Sauce und einem frischen Salat ein tolles Hauptgericht geben, und natürlich süße Bällchen als Dessert. Das schöne an den Bällchen ist, dass sie sich auch ganz hervorragend als Mitbringsel oder Bestandteil eines Buffets eignen. Deshalb finden sich den hinteren Seiten dieses Buches ganze Buffetvorschläge, mit denen man Partys, Geburtstage, Fußballabende und Gartenfeste bestreiten kann. Wer will, kann sich sogar spezialisieren, zum Beispiel auf ein rein vegetarisches oder ein asiatisches oder ein maritimes Buffet. Trotz ihrer Vielfalt und geschmacklichen Unterschiede haben alle Rezepte eines gemeinsam: Sie schmecken schlicht ausgezeichnet. Und wer einfach mal eine schnelle frische Kleinigkeit zubereiten möchte, findet bei den Beilagen viele interessante und leckere Salate.

Ich wünsche allen Köchinnen und Köchen viel Freude beim Ausprobieren und Zubereiten der Rezepte, und allen anderen wünsche ich, dass sie schon bald zu einem Essen mit Allem, was rund ist, eingeladen werden!

Juliane Pieper

10

Veggieballs

Ich liebe Gemüse. Dieser Umstand und meine Experimentierfreudigkeit kamen mir zugute, als ich eine Zeitlang in Brooklyn, New York lebte. Es war Hochsommer, und ich musste in der Stadt bei 40 °C sowie 90% Luftfeuchtigkeit in sogenannten bad neighborhoods (schlechten Gegenden) eine Wohnung suchen. Gute Gegenden waren tabu (zu teuer), ich konnte mir nur die schlechten leisten. Und ehrlich gesagt, gefiel es mir dort sowieso viel besser. Außer in der einen Nacht, als ich einen großen Umweg zu meiner Wohnung nehmen musste, weil jemand erschossen vor dem Nachbarhaus lag. Aber diese Geschichte erzähle ich dann in meinen Memoiren ...

Die Wohnungssuche war in der Hitze eine Qual. Ich als Ausländerin, die auch noch freiberuflich arbeitete, hatte sowieso kaum Chancen auf einen Mietvertrag. Und außerdem kamen die Makler entweder gar nicht oder zu spät, oder sie hatten den Schlüssel für die Wohnung vergessen. Und das bedeutete, dass die anderen zwanzig Bewerber und ich uns in der Hitze immer wieder umsonst zu den Wohnungen geschleppt hatten. Irgendwann gab ich als Suchkriterium nicht mehr Brooklyn und Queens ein, sondern »außerhalb«. Mir reichte es, ich war mit den Nerven am Ende, mir war heiß, und ich wollte aufs Land ziehen. Und wie durch ein Wunder wurde dieses schöne große Zimmer in diesem wunderschönen, nach ökologischen Gesichtspunkten gebauten Haus mit Garten, Terrasse und Riesenküche angeboten – für wenig Geld! Einzig nur, die Bewohner gehörten zu einer Kooperative. Vegan kochen, ganzheitliches Denken, gewaltfreie Kommunikation, Gemeinschaft, wöchentliche Meetings, in denen basisdemokratisch entschieden wurde, ob man das WLAN wegen der Strahlen ausknipst oder – mein Vorschlag – die Ängstlichen unter uns einfach selbstgebastelte Helme aus Alufolie tragen sollten. Und jeder durfte beim Essen reihum sagen wie die Woche für ihn war und wie er oder sie sich so fühlte. Trotz meiner Angst an eine Sekte zu geraten und mit meiner deutschen Direktheit bei den gewaltfreien Mitbewohnern anaphylaktische Schocks auszulösen, bewarb ich mich. Ich war weichgeklopft, denn nach zweieinhalb Jahren New York City hatte ich das Gehetze, Gebrülle und die Neurosen meiner Mitmenschen in dieser Stadt ein wenig satt.

Schnell stellte sich heraus, dass die zukünftigen Mitbewohner liebenswürdig waren, humorvoll und einen ganz oft umarmten. Ich zog also nach Tivoli, im Bundesstaat New York, in die Nähe einer Kleinstadt mit

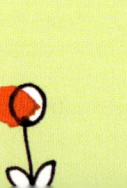

dem indianischen Namen Poughkeepsie, umgeben von grünen Hügeln und dem träge dahinfließenden Hudson.

Die Küche des Ökohauses war viermal so groß wie die kleinen Zimmerchen, die ich zuvor in New York bewohnt hatte. Überall standen Kisten voller Obst und Gemüse, die von den umliegenden Farmen täglich vorbeigebracht wurden. Dort habe ich mir angewöhnt, frische Paprika wie Äpfel zu essen. Die Regale waren stets prall gefüllt mit Behältern voller Hülsenfrüchten und Reis, voller Nudeln und Gewürzen und natürlich Teemischungen. Meine selbst kreierte Mischung aus Kamille, Minze und Brennnessel, die ich *Dieser Tee macht dich stark, glücklich und wunderschön* nannte, musste ich ständig neu anmischen, so viel wurde er getrunken. Daraus lernt man, dass auch Hippies gutem Merchandising nicht entkommen können.

Nur siebzig Euro pro Monat kostete mich die Versorgung mit Lebensmitteln. Und ich durfte vom Obst, Gemüse, Reis, Quinoa, Grieß, von den Nudeln, dem Couscous oder der Hirse und anderem mehr, so viel essen beziehungsweise zubereiten, wie ich wollte. Es war Pflicht, einmal die Woche für alle vegan zu kochen. Ab der zweiten Woche kochte ich drei- bis viermal die Woche, weil es mir so viel Spaß machte und der Dank meiner veganen und allergischen Mitbewohner mir sicher war. Außerdem brauchte die Köchin nicht abzuwaschen. Das war die größte Belohnung. Dabei hatte ich noch nie vorher vegan gekocht. Ich konnte ein sehr gutes Gulasch zubereiten, aber veganes Essen? Das heißt ja keine Milch, keine Eier, keine Butter etc. und hinzu kamen die Allergien und andere Lebensmittelunverträglichkeiten der Mitbewohner. Keine Auberginen, kein Mehl, keine Nudeln, nicht zu scharf (an Letzteres habe ich mich aber nie gehalten). Aber die Kisten voller frischem Obst und Gemüse und das riesige Gewürzregal trieben mich fast täglich zu Höchstleistungen an ...

Ich bin mir sicher, dass das folgende vegetarische Kapitel von dieser kreativen und reichhaltigen Zeit in einer amerikanischen Hippieküche sehr profitiert hat. Also dann – guten Appetit!

Bohnenbällchen – Black Eyed Peas Balls

Ergibt 25 Bällchen

300 g Augenbohnen
4–5 EL feiner Bulgur
750 ml Wasser
2 Lorbeerblätter
1 Zweig Rosmarin
1 TL gemahlener weißer Pfeffer
1 TL gemahlener Kreuzkümmel
1 TL scharfes Madras Currypulver
1 Zwiebel, feingehackt
2 cm frische Ingwerwurzel, gerieben
2 Knoblauchzehen, feingehackt
2 TL Salz
2 Eier
3 EL Öl
4 EL Sojasauce
2 Kugeln gekochte Rote Bete, gewürfelt
5 Frühlingszwiebeln, in Röllchen
1 Bund Rucola (etwa 100 g), grobgehackt
4 EL Zitronensaft
Öl zum Frittieren

Tipp: Die Augenbohne ist dankbar. Sie wird schnell gar, schmeckt nussig, und sie sieht mit dem kleinen schwarzen Punkt in der Mitte einfach niedlich aus. In Amerika, besonders im Süden, gehören Black Eyed Peas zu jedem BBQ.

- Die Augenbohnen 6–8 Std. einweichen, wenn es die Zeit erlaubt (das ist gesünder und reduziert die Kochzeit), danach mit kaltem Wasser abspülen, bis das Wasser klar bleibt.
- Die Bohnen in einem Topf mit Wasser bedecken (noch nicht salzen) und mit Lorbeerblättern, Rosmarin und den anderen Gewürzen in 35 Min. weichkochen, danach abgießen.
- Zwiebel, Ingwer, Knoblauch, Salz, Sojasauce, Eier und Öl zu den Bohnen geben und mit dem Mixstab so pürieren, dass noch ein paar ganze Bohnen zu sehen sind.
- Die gewürfelte Rote Bete pürieren und mit den Frühlingszwiebelröllchen und dem Zitronensaft unter die Bohnenpaste mischen.
- Aus der Masse mit feuchten Händen kastaniengroße Bällchen formen und in heißem Öl (es ist heiß genug, wenn an einem Holzlöffel Bläschen aufzusteigen beginnen) erst kurz bei hoher, dann bei mittlerer Hitze dunkelbraun ausbacken. Alternativ im Backofen bei 220 °C etwa 20 Min. backen, abkühlen lassen und einfrieren. Nach dem Auftauen kurz fertig braten.

Die Augenbohnenbällchen werden heiß serviert, dazu passt der Zucchini-Endiviensalat von S. 113 bestens.

14

Türkische Linsenköfte

Ergibt 4 Portionen bzw. 20 Köfte

160 g rote Linsen
300 ml Wasser
1 TL Salz
80 g feiner Bulgur
1 TL Paprikaflocken (Pul Biber), mittelscharf
3 TL Tomatenmark
1 TL getrockneter Thymian, zerrieben
1 TL getrockneter Basilikum, zerrieben
1 TL gemahlener Kreuzkümmel
1 mittelgroße Zwiebel, feingehackt
2 EL Ghee oder Butter
1/2 Bund Frühlingszwiebeln
1 Bund glatte Petersilie, feingehackt
2 EL Olivenöl
Saft von 1 Zitrone
1 grüner Salat, gewaschen und zerpflückt
1 Zitrone zum Dekorieren

- Die Linsen unter fließendem Wasser waschen, bis das Wasser klar bleibt. In einen Topf geben, Wasser und Salz hinzufügen. Die Linsen 8–10 Min. kochen, bis sie gelb sind und das gesamte Wasser aufgesogen haben.
- Den Topf vom Herd nehmen. Den feinen Bulgur unterrühren und bei geschlossenem Deckel etwa 15 Min. quellen lassen.
- Inzwischen die Zwiebelwürfel im Ghee glasig dünsten, Tomatenmark unterrühren und vom Herd nehmen.
- Das Grün der Frühlingszwiebeln in dünne Röllchen schneiden und mit Petersilie, Zwiebeln und Gewürzen zur Linsen-

Bulgurmasse geben. Mit Zitronensaft und Olivenöl abschmecken. Ist die Masse zu trocken, heißes Wasser dazugeben.
- Die Masse gut kneten und mit feuchten Händen etwa 3 cm dicke Klößchen formen.
- Eine Platte mit Salatblättern auslegen und die Köfte darauf geben. Die Zitrone in Schnitze schneiden und auf der Platte anrichten.

Die Linsenköfte isst man als Vorspeise mit etwas Zitronensaft beträufelt von Hand in ein Salatblatt gewickelt. Die Gurkenraita von S. 125 passt auch sehr gut.

15

Maisbällchen – Sweetcorn Balls

Ergibt 2–3 Portionen bzw. 25 Bällchen

3 Maiskolben
1 Butternusskürbis, geschält, grobgehackt
100 g Couscous
125 ml heißes Wasser
1 TL gemahlener Kreuzkümmel
1 Chilischote, entkernt, feingehackt
3 EL Thai-Basilikum, feingehackt
1/2 TL Meersalz
1/2 TL weißer Pfeffer, frisch gemahlen
1 Ei
2 EL Mehl
2 EL Paniermehl
Öl

- Maiskolben und Kürbis in kochendem Wasser etwa 8 Min. garen, bis der Kürbis weich ist. Abgießen und den Kürbis mit einer Gabel zerdrücken. Die Maiskolben entkernen.
- Couscous in einer Schüssel mit dem heißem Wasser übergießen und 5 Min. ziehen lassen.
- Mit Mais, Kürbis, Kreuzkümmel, Chili, Salz, Pfeffer und Thai-Basilikum vermengen und abschmecken.
- Ei, Mehl und Paniermehl dazutun und gut vermischen.
- Aus der Masse mit feuchten Händen 4–5 cm dicke Bällchen formen und in Mehl wälzen.
- In heißem Öl (es ist heiß genug, wenn an einem Holzlöffel Bläschen aufzusteigen beginnen) goldbraun ausbacken und heiß, warm oder lauwarm servieren.

Dazu reichen Sie die Koriander-Joghurtsauce von S. 121 und den Radicchio-Chicoréesalat von S. 115, dessen leicht bittere Note besonders gut mit den fast süßlichen Maisbällchen harmoniert.

Neuseeländische Süßkartoffelbällchen – Kumera Balls

Ergibt 16 Bällchen

600 g Süßkartoffeln
200 g frischer Spinat
1 Ei
20 g Butter
1 Knoblauchzehe, zerdrückt
100 g Semmelbrösel
50 g Ziegenkäse
1 EL Zitronensaft
1 EL Crème fraîche
1 TL gemahlener Salbei
1 TL Salz
1/2 TL Pfeffer, frisch gemahlen
1 TL Blütenhonig
40 g Reis- oder Weizenmehl
40 g Parmesan, gerieben

- Backofen auf 200 °C vorheizen.
- Die ungeschälten Süßkartoffeln etwa 40 Min. backen, bis sie weich sind und sich leicht schälen lassen. Abkühlen lassen.
- Den Spinat waschen und etwa 3 Min. in kochendem Wasser blanchieren, bis er zusammengefallen ist. Sofort kalt abspülen, Wasser gut auspressen und kleinhacken.
- Die Süßkartoffeln in einer großen Schüssel mit Ei, Butter, Knoblauch, Zitronensaft, Honig und Crème fraîche verrühren. Spinat, Semmelbrösel, Ziegenkäse, Salbei, Salz und Pfeffer ebenfalls untermischen und mind. 30 Min. im Kühlschrank ruhen lassen.
- Den Parmesan mit dem Mehl in einem tiefen Teller vermischen.
- Golfballgroße Bällchen formen (ist die Masse noch zu feucht, Semmelbrösel dazu geben).
- In der Mehl-Parmesan-Mischung wälzen und auf ein mit Backpapier ausgelegtes Backblech legen. 15–20 Min. bei 200 °C backen, bis sie goldbraun sind.

Dazu passt ein Salat mit saurer Note wie der Kopfsalat mit Zitronendressing von S. 109.

Kichererbsenbällchen – Falafel

Ergibt etwa 20 Falafel

400 g getrocknete Kichererbsen
100 g Zwiebeln, grobgehackt
2 Knoblauchzehen, grobgehackt
1/2 TL Natronpulver
1 EL Koriandersamen
2 TL Kreuzkümmelsamen
1 TL edelsüßes Paprikapulver
1 TL Salz
3 TL Harissapaste
1 Bund Koriandergrün, feingehackt
1–2 Chilischoten, entkernt, feingehackt
2 EL Dill, feingehackt
6 Stiele Minze, feingehackt
1/2 l Öl zum Frittieren

- Kichererbsen über Nacht in reichlich kaltem Wasser einweichen.
- Koriandersamen und Kreuzkümmel in einer Pfanne ohne Fett rösten, abkühlen lassen und im Mörser fein zerreiben.
- Die eingeweichten Kichererbsen in ein Sieb gießen, mit kaltem Wasser abspülen und gut abtropfen lassen.
- Kichererbsen mit Zwiebeln und Knoblauch im Mixer oder mit dem Pürierstab pürieren, dann das Natronpulver untermischen.
- Die Masse mit dem zerriebenen Koriander und Kreuzkümmel, Paprikapulver, Salz und Harissa abschmecken.
- Koriandergrün, Chilis, Dill und Minze dazugeben, sorgfältig unterheben und nochmals abschmecken. 30 Min. ruhen lassen.
- Aus der Kichererbsenmasse mit feuchten Händen kastaniengroße Bällchen formen.
- In heißem Öl (es ist heiß genug, wenn an einem Holzlöffel Bläschen aufzusteigen beginnen) portionsweise braun ausbacken.
- Auf Küchenpapier abtropfen lassen und heiß servieren.

Dazu reichen Sie die Koriander-Joghurtsauce von S. 121 oder natürlich Hummus von S. 119 und den Eichblattsalat mit Dill von S. 106 sowie Fladen- oder Pitabrot.

18

Pikante Buchweizenbällchen

Ergibt 4 Portionen bzw. 18 Bällchen

200 g Buchweizen
1/2 l Gemüsebrühe
2 Eier
75 g Emmentaler oder Gouda, grobgerieben
50 g Feta, zerbröselt
1 Zwiebel, feingehackt
2 Knoblauchzehen, feingehackt
1/2 Bund glatte Petersilie, feingehackt
einige Tropfen Tabasco
etwas geriebene Muskatnuss
Salz
schwarzer Pfeffer, frisch gemahlen
3 EL Öl

- Den Buchweizen mit der Brühe aufsetzen und unter Rühren zum Kochen bringen. Bei milder Hitze 15–20 Min. ausquellen und etwas abkühlen lassen.
- Backofen auf 200 °C vorheizen.
- Eier, Käse, Zwiebel, Knoblauch und Petersilie zum Buchweizen geben und vermengen. Mit Tabasco, Muskat, Salz und Pfeffer abschmecken.
- Mit feuchten Händen etwa 5 cm dicke Bällchen formen.
- Die Bällchen in eine gebutterte Auflaufform geben, 30 Min. backen und heiß servieren.

Dazu schmecken der Tomatensalat von S. 108 oder der Gurkensalat von S. 108 sowie die Guacamole von S. 119.

19

Toskanische Spinatgnocchi

Ergibt 4 Portionen bzw. 30 Gnocchi

500 g mehligkochende Kartoffeln
300 g Blattspinat oder 125 g tiefgekühlt
150 g Mehl
2 Eigelb
80 g Parmesan, feingerieben
1 TL Salz
weißer gemahlener Pfeffer
etwas geriebene Muskatnuss
50 g Butter
Salbeiblätter und Mandelblättchen
nach Wahl

- Die ungeschälten Kartoffeln in Salzwasser weichkochen, abgießen, pellen und durch die Kartoffelpresse in eine Schüssel drücken. Ausdampfen lassen.
- Den Spinat waschen und etwa 3 Min. in kochendem Wasser blanchieren, bis er zusammengefallen ist. Sofort kalt abspülen, Wasser gut auspressen und kleinhacken. Es soll etwa 5 EL Spinat ergeben.
- Kartoffeln, Mehl, Spinat, Eigelb, 30 g Parmesan, Salz und Muskat zu einem glatten Teig verarbeiten. Eine breite Auflaufform mit 1 EL Butter ausfetten.
- Salzwasser in einem Topf zum Kochen bringen. Von der Teigmasse mit zwei Löffeln kleine Nocken abstechen und ins Wasser fallen lassen. Zunächst unbedingt ein Probeklößchen machen und mehr Mehl zum Teig geben, falls die Gnocchi auseinanderfallen.

- Nicht zu viele Gnocchi auf einmal ins Wasser geben. Wenn sie an die Oberfläche gestiegen sind, mit einem Schaumlöffel herausnehmen und in die Auflaufform legen. Auf diese Weise den gesamten Teig verarbeiten.
- Backofengrill einschalten.
- Die Butter in einer Pfanne leicht bräunen, nach Belieben einige Salbeiblätter oder Mandelblättchen kurz mitrösten.
- Restlichen Parmesan über die Gnocchi streuen und alles mit der braunen Salbeibutter übergießen. Die Gnocchi ganz kurz unter dem sehr heißen Grill gratinieren.
- Zum Servieren Gnocchi auf dem Teller verteilen, nach Belieben mit frischem Pfeffer bestreuen und Parmesan darüber hobeln.

Zu diesen Gnocchi passt der Kopf- (bzw. Römer-)salat mit Zitronendressing von S. 109 mit seiner leichten Säure besonders gut. Und mit frischem Baguette haben Sie eine leichte schnelle Mahlzeit, denn die Gnocchimasse können Sie gut viel früher vorbereiten.

20

Römische Grießgnocchi

Ergibt 4 Portionen bzw. 30 Gnocchi

150 g Maisgrieß (Polenta)
2 Eier
1/2 l Milch
Salz
schwarzer Pfeffer, frisch gemahlen
etwas geriebene Muskatnuss
120 g geriebener Parmesan
100 g zerlassene Butter

- Backofen auf 200 °C vorheizen.
- Grieß und Eier in einem Topf mit schwerem Boden miteinander vermengen und langsam die Milch einrühren. Salz, Pfeffer, Muskat und 50 g Parmesan einrühren.
- Unter Rühren ganz langsam erhitzen. Wenn die Masse fest wird, die Hälfte der Butter darunter rühren.
- Auf eine Platte oder ein Holzbrett streichen und mit der restlichen Butter bepinseln. Abkühlen lassen.
- Aus der Masse mit Löffeln kleine Nocken abstechen und diese eng nebeneinander in eine gebutterte feuerfeste Form setzen. Mit der übrigen zerlassenen Butter beträufeln und mit dem restlichen Parmesan bestreuen.
- Im Backofen in etwa 40 Min. goldbraun backen und heiß servieren.

Mit dem Kressesalat mit Speck von S. 110 oder dem Rote-Bete-Salat von S. 112 und der klassischen italienischen Tomatensauce von S. 118 ist dies ein wunderbar einfaches Mittag- oder Abendessen.

Grüne Erbsenbällchen

Ergibt 30 Bällchen

350 g Tiefkühlerbsen
1 Zwiebel, feingehackt
1 TL Korianderkörner, gemörsert
je 1 EL Minze und Salbei, feingehackt
2–3 EL Kartoffelstärke
1/2 TL Salz
1/2 TL Pfeffer
3 EL Olivenöl

Diese Bällchen schmecken warm ebensogut wie kalt und eignen sich hervorragend für eine Party. Dazu servieren Sie die Koriander-Joghurtsauce von S. 121.

- Backofen auf 180 °C vorheizen.
- Die tiefgekühlten Erbsen 2 Min. in kochendes Wasser geben, dann kalt abspülen, abtropfen lassen und pürieren.
- Zwiebel, alle Gewürze, das Olivenöl sowie die Stärke zugeben, kräftig vermengen und nochmals abschmecken.
- Ein Backblech mit Backpapier auslegen.
- Mit feuchten Händen etwa 2,5 cm dicke Bällchen formen und auf das Backblech geben, gut 15 Min. backen und anrichten.

22

Cheese Balls à la Zofia*

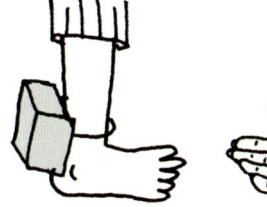 

Ergibt 30 Bällchen

500 g Kartoffeln
2 Eiweiß
2 große Eier
1 Zwiebel, feingehackt
1 EL Butter
1 TL Olivenöl, plus extra Öl für
die Muffinform
4 gehäufte EL Mehl
100 g Parmesan, gerieben
75 g Greyerzer, gerieben
40 ml Milch
1/4 TL Cayennepfeffer
1 TL Paprikapulver
1 TL Salz
1/2 TL schwarzer Pfeffer, frisch gemahlen

- Backofen auf 190 °C vorheizen.
- Eine Mini-Muffin-Form mit Olivenöl
  ausstreichen.
- Die Kartoffeln in Salzwasser weichkochen,
  abgießen, pellen und in einer großen
  Schüssel zerstampfen. Abkühlen lassen.
- Eiweiß steif schlagen.
- Die Zwiebeln bei mittlerer Hitze in der
  Butter und dem Olivenöl anbräunen.
  Abkühlen lassen und zum Kartoffelpüree
  geben.
- Mehl, Parmesan und Greyerzer, das steif
  geschlagene Eiweiß, die Eier, Milch und
  Gewürze dazu geben, gut verkneten und
  abschmecken. Die Masse sollte ziemlich
  fest sein.
- Mit einem Teelöffel Teig in die geölten
  Muffinformen geben und anpressen.
- Etwa 35 Min. backen, bis die Cheese Balls
  goldbraun sind.
- Etwa 10 Min. abkühlen lassen und warm
  servieren. Sie schmecken aber auch kalt sehr
  gut.

*Dazu servieren Sie die klassische Tomatensauce
von S. 118 und natürlich den
Radicchio-Chicoreesalat von S. 115.*

Lieber einen Kloß
in der Hand,
als einen Klotz
am Bein.

* Diese Cheese Balls sind denen nach-
empfunden, die Zofia Zebrzydowska in Lily
Bretts Buch »You got to have Balls« (deutsch:
»Chuzpe«) mit soviel Erfolg ihren Gästen in
New York serviert hat.

23

Kalte Kürbisbällchen

Ergibt 35 Bällchen

600 g Hokkaidokürbis
1 Prise Zimt
Sonnenblumenöl
Salz
2 kleine Kartoffeln
100 ml Milch
3–5 Spritzer Sesamöl
1 Prise Cayennepfeffer
1/2 TL Currypulver
2 EL Semmelbrösel
1 TL Ahornsirup
5 EL Sesamsamen
6 EL Kokosnussflocken
Koriandergrün zum Dekorieren

Am Vortag

- Backofen auf 220 °C vorheizen.
- Hokkaido spalten und die Kerne entfernen. Danach mit Zimt, etwas Salz und wenig Sonnenblumenöl einreiben und mit den 2 kleinen ungeschälten Kartoffeln im Backofen 30–40 Min. backen, bis der Kürbis weich ist.
- Kartoffeln pellen und durchschneiden.
- Hokkaido mit der Schale in kleine Stücke schneiden und mit den Kartoffeln und der Milch im Mixer oder mit dem Zauberstab pürieren.
- Sesamöl, Cayennepfeffer, Currypulver, Semmelbrösel und Ahornsirup unterrühren, abschmecken und über Nacht im Kühlschrank ziehen lassen.
- Am nächsten Tag die Sesamsamen ohne Fett in einer Pfanne rösten, bis sie duften. Sofort auf einen Teller geben.
- Aus der Kürbismasse mit feuchten Händen kirschgroße Bällchen formen, die eine Hälfte in den Sesamsamen wälzen, die andere Hälfte in den Kokosflocken.

Mit Koriandergrün garnieren und kalt servieren. Dazu reichen Sie die sauerscharfe Sauce von S. 121 oder ganz einfach Sojasauce.

Tipp: Sie können die Milch auch durch Buttermilch ersetzen, das gibt dem Ganzen eine minimal saure Note.

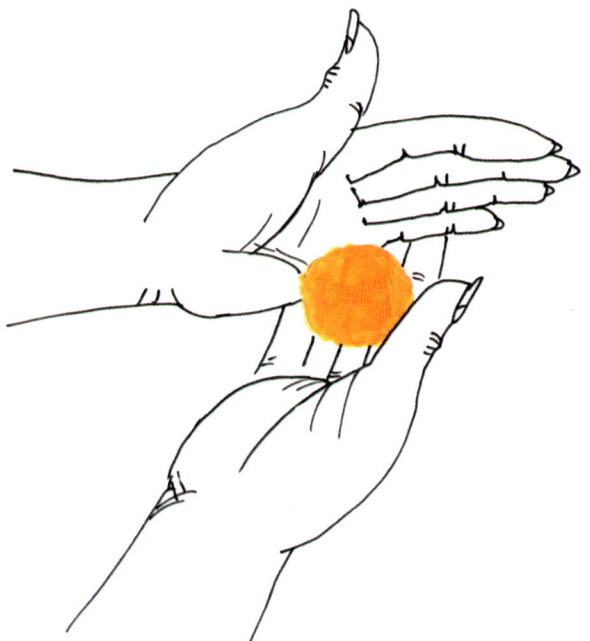

24

Sizilianische Blumenkohlbällchen*

Ergibt 4 Portionen bzw. 33 Bällchen

500 g Blumenkohl
200 g altbackenes Weißbrot, gerieben
2 EL Schafskäse, zerbröselt
3 EL glatte Petersilie, feingehackt
1 Ei
1 Knoblauchzehe, feingehackt
etwas Mehl
5 EL Olivenöl zum Frittieren
Salz
schwarzer Pfeffer, frisch gemahlen

- Blumenkohl in Salzwasser weichkochen, abgießen, auskühlen lassen und mit einer Gabel zerdrücken.
- Schafskäse, Petersilie, Brotkrümel, Ei und Knoblauch hinzugeben, zu einer festen Masse vermengen – evtl. mehr Brot oder Paniermehl dazugeben – und mit Salz und Pfeffer abschmecken.
- Aus der Masse mit feuchten Händen walnussgroße Bällchen formen, in Mehl wenden und in heißem Olivenöl (es ist heiß genug, wenn an einem Holzlöffel Bläschen aufzusteigen beginnen) goldbraun ausbacken.

Diese frittierten Blumenkohlbällchen passen sehr gut zu sauer angemachten Salaten, wie z. B. dem Kopfsalat mit Knoblauchvinaigrette von S. 109 und bilden mit frischem, knusprigem Brot eine leckere kleine Mahlzeit.

* à la Carlo Bernasconi

SCHLANGE MIT KLOSS IM HALS

25

Spinat-Ricottaklößchen – Malfatti

Ergibt 4 Portionen bzw. 30 Nocken

500 g Spinat
200 g Ricotta oder Hüttenkäse
100 g Parmesan, frisch gerieben
3 Eier
150 g Mehl
Salz und Pfeffer
etwas frisch geriebene Muskatnuss
80 g Butter

- Den Spinat gründlich waschen und in kochendem Wasser kurz blanchieren, bis die Blätter zusammengefallen sind. Anschließend aus dem Wasser heben, gut ausdrücken und sehr fein hacken. Danach noch einmal gut ausdrücken.
- Den Ricotta mit einer Gabel fein zerdrücken (für Figurbewusste: einfach normalen Hüttenkäse verwenden – schmeckt auch sehr gut!), mit Spinat, Parmesan und Eiern vermengen. So viel Mehl unterarbeiten, dass der Teig gut zusammenhält. Mit Salz, Pfeffer und Muskat kräftig würzen.
- Mit zwei Teelöffeln aus dem Teig walnussgroße Nocken abstechen, kurz in etwas Mehl wenden und sofort in leise kochendem Salzwasser garen.
- Die Nocken sind fertig, wenn sie an die Oberfläche steigen, das dauert 3–5 Min.
- Die Butter zerlassen und über die fertigen Malfatti gießen. Mit Parmesan bestreut servieren.

Dazu passen Ciabatta-Brot sowie der Kressesalat mit Speck von S. 110.

26

Spanische Ziegenkäsebällchen

Ergibt 4 Portionen bzw. 20 Bällchen

350 g Ziegenkäse
2 Eier
100 g Semmelbrösel
4 getrocknete Tomaten, feingehackt

• Ziegenkäse mit den Eiern im Mixer fein
  pürieren. Mit den getrockneten Tomaten
  (am besten eigenen sich die nicht in Öl
  eingelegten) und Semmelbröseln zu einem
  festen Teig vermengen.
• Aus der Masse kleine Bällchen formen.

*Dazu passen die Paprikasalsa von S. 118, aber
auch die klassische italienische Tomatensauce
von S. 118.*

Tipp: Laut Originalrezept sind die Kroketten
nun fertig, ich paniere sie allerdings noch
mit Mehl, Ei und Semmelbröseln. Muss nicht
sein, aber macht sie knuspriger.

27

Walnuss-Fetabällchen

Ergibt 30 Bällchen

300 g Feta
1 EL Olivenöl
1 Zwiebel, feingehackt
je 1 EL glatte Petersilie, Basilikum, Minze, feingehackt
6 Walnüsse, feingehackt
2 Frühlingszwiebeln, in Röllchen

- Den Käse in eine Schüssel bröseln, alle anderen Zutaten dazugeben und mit einer Gabel kräftig vermischen. Etwa 10 Min. ruhen lassen.
- Aus der Masse mit feuchten Händen haselnussgroße Bällchen formen und auf Salatblättern anrichten.

Gut für jedes Partybuffet und als schnelle Vorspeise.

KLOPS

Ick sitze da und esse Klops,
uff eemal klops.
Ick sitze da und wundre mir,
uff eemal jeht se uff die Tür.
Nanu, denk ick, ick denk nanu,
jetzt jeht se uff, erst war se zu.
ick stehe uff und kieke ...
Und wer steht draußen?
Icke.

BBB – Blauschimmelkäse-Birnenbällchen

Ergibt 30 Bällchen

100 g Blauschimmelkäse, feingewürfelt
125 g Quark
2 kleine nicht allzu reife Birnen
2 EL Zitronensaft
3 EL Semmelbrösel
100 g Walnusskerne
1 Prise gemahlener weißer Pfeffer
2 EL Ahornsirup oder 1 EL flüssiger
Blütenhonig
1 EL frische Minze, feingehackt

- Die Blauschimmelkäsewürfel mit dem Quark und dem Ahornsirup in eine Schüssel geben.
- Die Birne waschen und sehr klein würfeln, sofort mit dem Zitronensaft beträufeln und mit den Semmelbröseln in die Schüssel geben. Alles gut miteinander vermengen und über Nacht in den Kühlschrank stellen.
- Die Walnusskerne in einer Pfanne ohne Fett rösten, bis sie duften und danach feinhacken.
- Aus der gut gekühlten Masse mit feuchten Händen kastaniengroße Bällchen formen, in der gehackten Minze und den Walnussstückchen wälzen und anrichten.

Diese Bällchen passen gut zum Lollo rosso Salat von S. 110, dazu reichen Sie frisches Baguette.

29

Gratinierte französische Grießklößchen

Ergibt 4 Portionen bzw. 20 Klößchen

1 Glas (etwa 150 ml) Wasser
1 Glas Milch
1 Glas Hartweizengrieß
1 Ei
1/2 TL Salz
40 g Butter
100 g Crème fraîche
etwas geriebene Muskatnuss
Salz
Pfeffer
40 g geriebener Gruyère

- Wasser und Milch mit Salz und Muskat aufkochen. Grieß hinzugeben und solange rühren, bis die Masse zu einen großen Kloß wird, der sich vom Topf löst.
- Den Topf vom Herd nehmen und die Masse etwas abkühlen lassen.
- Das Ei hinzufügen und kräftig rühren, bis eine gleichmäßige Masse entsteht.
- In einem Topf Wasser aufkochen.

- Aus der Masse mit feuchten Händen aprikosengroße Klößchen formen.
- In das kochende Wasser geben. Sobald sie an der Oberfläche schwimmen, sind sie gar.
- Backofen auf 200 °C vorheizen.
- Eine feuerfeste Auflaufform ausbuttern, die Klößchen hineingeben und 10 Min. in den Ofen schieben.
- Die Crème fraîche mit Salz, Pfeffer und frisch geriebener Muskatnuss würzen und über die Klößchen geben, mit dem Gruyère bestreuen und etwa 15 Min. überbacken lassen, bis der Käse goldbraun ist. Heiß in der Auflaufform servieren.

Dazu passen der Fenchel-Orangensalat von S. 115 sowie natürlich frisches Baguette.

Tipp: Diese Klößchen lassen sich auch hervorragend einfrieren.

30

FRIEDRICH DER KLOSSE

Fishballs

Meine Eltern sagen, dass ich ein ungewöhnliches Kind war. Nicht so ein »Pinocchio- oder Biene-Maja-Teller«-Kind. Ich war ganz das Gegenteil. In Lokalen ließ ich mir von meiner Mutter die Speisekarte vorlesen und ignorierte Schnitzel mit Pommes oder Spaghetti Bolognese. »Was ist Goldbrasse?«, fragte ich stattdessen. Meine Eltern waren beeindruckt von meiner Experimentierfreudigkeit. Die Goldbrasse ist inzwischen längst mein Lieblingsspeisefisch, wenn ich ihn mir leisten kann. Und schon als Dreijährige fuhr ich zum touristischen Amusement meiner Eltern auf einem Krabbenkutter mit, wo man so viele Krabben puhlen und verzehren durfte, wie man wollte. Nichts schmeckte mir besser, als diese kleinen gräulichen Nordseekrabben, und noch Tage später rief ich: »Krabbel puhlen! Krabbel puhlen!« Auch an das T-Shirt, das mir meine Eltern dort kauften, kann ich mich erinnern. Mit großer roter Schrift stand darauf: *Ich bin eine Nordseekrabbe*.

Man sieht, schon immer hatte ich eine Schwäche für Fisch. Allerdings stieß meine Freude an kulinarischen Experimenten während einer China- und Taiwanreise an ihre Grenzen. Man sagt ja auch, Chinesen essen alles, was vier Beine besitzt und kein Tisch ist. Und nicht nur das. Das Tier wird, egal um welches auch immer es sich handeln mag, einfach als ganzes grob zerhackt und zubereitet. Nix Filet. Da knirschen Knochen, Gräten und Knorpel nur so zwischen den Zähnen. Auch mit der chinesischen Liebe zu gallertartigen Konsistenzen konnte ich nicht warm werden. Gummi- und schleimartige Speisen, die nach Gedärmen schmecken, wurden meine Sache nicht. Und ich erinnere mich noch gut an mein Entsetzen als ich eines Abends meinen Gastgeber in Taiwan, einen Professor für Produktdesign, fragte, um was es sich bei dem Gericht, das er mir gerade anbot, denn handele. »Oh, das ist besonders lecker!«, antwortete er, »es ist Fischmagen!«

Liebe Leserin und lieber Leser: Sie können sich hundertprozentig darauf verlassen, dass nur die leckersten Zutaten in meine Fischklößchen kommen, und dass die nachfolgenden Fischbällchen- und -klößchenrezepte allesamt köstlich sind. Und dass sich in keinem von ihnen ein Fischmagen geschweige denn ein Tisch versteckt.

Gebackene Lachsbällchen

Ergibt 4 Portionen bzw. 14 Bällchen

125 g Räucherlachs, gewürfelt
1 Knoblauchzehe, zerdrückt
2 Frühlingszwiebeln, in Röllchen
2 EL feingehackter Dill
2 EL Zitronensaft
1 EL Olivenöl
Salz
weißer gemahlener Pfeffer
50 g Mehl
225 g Milch
Mehl zum Wälzen
1 Ei
Öl zum Frittieren

- Räucherlachs, Knoblauch, Frühlingszwiebeln, Dill, Zitronensaft und Olivenöl in einer Pfanne miteinander vermengen und mit wenig Salz und Pfeffer abschmecken.
- Die Masse bei mittlerer Hitze heiß werden lassen. Mehl und Milch unter Rühren dazugeben und solange Rühren, bis sich die Masse vom Pfannenboden löst.
- Auf einem Teller auskühlen lassen.
- Aus der Masse mit feuchten Händen aprikosengroße Bällchen formen, im Mehl wälzen und im verquirlten Ei wenden.
- In heißem Öl (es ist heiß genug, wenn an einem Holzlöffel Bläschen aufzusteigen beginnen) ausbacken und heiß servieren.

Dazu passt sehr gut der Senfdip von S. 122, und wenn Sie dann noch Reis oder Kartoffeln dazu reichen, haben Sie eine schnelle einfache Mahlzeit.

34

Norwegische Fischbällchen – Fiskekaken

Ergibt 6 Portionen bzw. 14 Bällchen

1 kg Fischfilet (z.B. Schellfisch, Dorsch,
Kabeljau oder Seelachs)
1 TL Salz
1 Zwiebel, feingehackt
1/4 TL geriebene Muskatnuss
2 EL Kartoffelstärke
3 EL Schnittlauch, in Röllchen
3 EL feingehackte glatte Petersilie
1 Ei
Milch
weißer Pfeffer, frisch gemahlen
Öl oder Butter zum Braten

Am Vortag
• Die Fischfilets salzen und über Nacht stehenlassen, um ihnen Wasser zu entziehen.
• Am nächsten Tag das Salz abspülen, die Filets feinhacken oder durch einen Fleischwolf drehen.
• Das Fischhack mit den Zwiebelwürfeln, Muskat, Kartoffelstärke, den feingehackten Kräutern und Eiern gründlich vermengen.

Evtl. etwas Milch zugeben, damit die Masse weicher und gut formbar wird. Mit wenig Salz und Pfeffer abschmecken.
• Aus der Masse mit feuchten Händen mandarinengroße Bällchen formen, etwas andrücken und in einer Pfanne in Öl oder Butter bei mittlerer Hitze in etwa 10 Min. garbraten.

Die fertigen Fiskekaken können Sie kalt oder warm essen, echte Wikinger grillen sie über dem Feuer. Dazu passen Kartoffelpüree und der Kopfsalat mit Zitronendressing von S. 109.

Tipp: Für Fischfrikadellen eignet sich jeder festfleischige Seefisch. In Norwegen werden diese Fischfrikadellen so häufig gegessen wie hierzulande Buletten.

35

Amerikanische Krebsfleischbällchen – Crab Cakes

Ergibt 10 Bällchen

2 Dosen Crab Meat* (etwa 340 g)
1 Selleriestange, kleingehackt
1/2 Paprika, kleingewürfelt
1 extra großes Ei oder 2 kleine Eier
1 TL Currypulver
2 EL Semmelbrösel
1 TL Old Bay Seasoning* (ersatzweise je 1 gute
Prise Piment, Muskat, gemahlene Senfkörner,
Cayennepfeffer)
1/2 TL schwarzer Pfeffer, frisch gemahlen
1/2 TL Thymian, zerrieben
1/2 TL Salz
2 EL Zitronensaft
1 EL Worcestersauce
1 EL Senf
1 TL Ingwer, gerieben
1 Knoblauchzehe, zerdrückt
2 EL feingehackte Petersilie
1–2 EL Hot Sauce* (ersatzweise Tabasco)
Öl zum Frittieren

- Krabbenschalenreste aus dem Krabbenfleisch entfernen.
- Alle Zutaten in einer Schüssel vermischen und mit Salz, Pfeffer und Hot Sauce abschmecken.
- Aus der Masse mit feuchten Händen aprikosengroße Bällchen formen.
- Reichlich Öl in einem hohen Topf erhitzen (es ist heiß genug, wenn an einem Holzlöffel Bläschen aufzusteigen beginnen) und die Bällchen ausbacken, bis sie braun sind. Auf Küchenpapier abtropfen lassen.

Dazu passen besonders gut die Aioli von S. 124 und der Gurkensalat von S. 108 sowie frisches Baguette.

* Crab Meat, Old Bay Seasoning und
Hot Sauce gibt es in Amerika in jedem
Supermarkt.

36

Kartoffel-Garnelenbällchen

Ergibt 30 Bällchen

600 g mehligkochende Kartoffeln
2 Eier
1 Eigelb
1 EL Kartoffelstärke
150 g Garnelen, gekocht und geschält
2 EL glatte feingehackte Petersilie
2 EL feingehacktes Koriandergrün
Salz
Cayennepfeffer
1 Prise gemahlene Muskatblüte (Macis)
100 g Maniokmehl oder Semmelbrösel
Kokos- oder Pflanzenfett zum Frittieren

- Die Kartoffeln in Salzwasser weichkochen, abgießen, pellen und durch eine
  Kartoffelpresse in eine Schüssel drücken.
  Ausdampfen lassen.
- 1 Ei und 1 Eigelb mit der Stärke glattrühren
  und unter die Kartoffeln ziehen. Vollständig
  erkalten lassen, dabei ab und zu umrühren.

- Die Garnelen waschen, mit Küchenpapier
  trockentupfen, sehr klein würfeln und mit
  den gehackten Kräutern zum Kartoffelteig
  geben.
- Mit Salz, Cayennepfeffer und etwas
  Muskatblütenpulver zu einem glatten Teig
  verarbeiten.
- Aus der Masse mit feuchten Händen walnussgroße Bällchen formen.
- Das verbleibende Ei verquirlen und die
  Bällchen darin wenden. Dann in Maniokmehl
  oder Semmelbröseln wälzen.
- Die Bällchen portionsweise in heißem Fett
  (es ist heiß genug, wenn an einem Holzlöffel
  Bläschen aufzusteigen beginnen) goldbraun
  ausbacken.
- Auf Küchenpapier abtropfen lassen und
  warmstellen, bis alle Bällchen frittiert sind
  und anrichten.

*Diese Bällchen schmecken sowohl heiß mit
Reis als auch kalt. Und besonders gut passt die
Limetten-Chilisauce von S. 123 dazu.*

CRAB MEAT

37

Bohnenbällchen mit Krabben und Koriander

Ergibt 25 Bällchen

300 g Augenbohnen
2 Lorbeerblätter
1 Zweig Rosmarin
1 TL gemahlener weißer Pfeffer
1 TL gemahlener Kreuzkümmel
1 TL Hot Madras Currypulver
1 TL Rosenpaprika, scharf
1 Zwiebel, grobgehackt
2 Knoblauchzehen, feingehackt
2 cm frische Ingwerwurzel, grobgehackt
2 TL Salz
4 EL Sojasauce
2 Eier
3 EL Pflanzenöl
250 g Krabben
2 EL Fischsauce (ersatzweise Sojasauce)
5 EL Zitronensaft
2 TL brauner Zucker
2–3 Chilischoten
1 Bund Koriandergrün (etwa 100 g)
4–5 EL Bulgur
Öl zum Frittieren

- Die Augenbohnen etwa 6 Std. einweichen, danach mit klarem Wasser abspülen. In einem Topf mit Wasser bedecken und 35 Min. mit dem Lorbeer, dem Rosmarin und den anderen Gewürzen kochen, abgießen.
- Zwiebel, Knoblauch und Ingwer hacken und mit Salz, Sojasauce, Eiern und Öl zu den Bohnen geben. Mit dem Mixstab so pürieren, dass in der Masse noch ein paar ganze Bohnen zu sehen sind.
- Die Krabben in Fischsauce, Zitronensaft und braunem Zucker marinieren.
- Die Chilischoten entkernen und feinhacken, die Korianderblätter zupfen und beides dazugeben.
- Die marinierten Krabben und den Bulgur unter die Bohnenmasse mischen und 30 Min. ziehen lassen.
- Aus der Masse mit feuchten Händen kleine Bällchen formen und in heißem Öl (es ist heiß genug, wenn an einem Holzlöffel Bläschen aufzusteigen beginnen) erst kurz bei hoher, dann bei mittlerer Hitze dunkelbraun ausbacken.

Dazu passen der Friséesalat mit Orangen von S. 107, der Rucolasalat mit Speck von S. 112 oder die Gurkenraita von S. 125.

ROBBE PIERRE

Hechtklößchen in Cidre

Ergibt 4 Portionen bzw. 25 Klößchen

40 g frische Meerrettichwurzel,
feingerieben
1 l Fischfond
100 ml trockener Cidre
1 Karotte, in dünnen Streifen
40 g Selleriewurzel, in dünnen Streifen
200 g Hechtfleisch
100 ml Sahne
1 Eiweiß
100 g Crème fraîche
1 TL Zitronensaft
Salz
weißer Pfeffer, frisch gemahlen

- Fischfond mit Cidre, Meerrettich, Karotten und Selleriestreifen 20 Min. köcheln lassen.
- Hechtfleisch kleinschneiden und kurz ins Tiefkühlfach stellen.
- Sahne halbsteif schlagen und kalt stellen.
- Fischstücke in der Küchenmaschine oder mit dem Pürierstab zerkleinern und abermals kühl stellen.
- Die Fischmasse durch ein Sieb in eine Metallschüssel streichen.
- Eiweiß, Crème fraîche und halbsteife Sahne mit einem Holzlöffel vorsichtig unterrühren. Mit Zitronensaft, Salz und Pfeffer abschmecken. Die Masse sollte fein und glatt sein. Kühl stellen.
- Eine Tasse mit kaltem Wasser und 2 Teelöffel bereitstellen. Teelöffel in kaltes Wasser tauchen und dann von der Fischmasse Klößchen abstechen und diese mit dem zweiten Löffel vorsichtig in die leicht köchelnde Brühe befördern.
- Die Klößchen brauchen etwa 4 Min., um gar zu ziehen.
- Die Brühe mit Salz und Pfeffer kräftig abschmecken.

Dazu gibt es frisches Weißbrot oder Baguette.

40

Räucherfischklößchen

Ergibt 6 Portionen bzw. 14 Klößchen

700 g Rotbarschfilet
300 g Räucherfischfilet (z.B. Makrele)
1 altbackenes Brötchen
2 Zwiebeln, feingehackt
2 Eier
2 EL gemahlene Mandeln
Saft von 1 Zitrone
1 Bund Dill, feingehackt
Salz
schwarzer Pfeffer, frisch gemahlen
70 g Butter

- Fischfilet und Räucherfisch völlig entgräten und mit dem Schneidstab des Handrührgerätes oder im Blitzhacker zerkleinern.
- Brötchen in kaltem Wasser einweichen.
- Zwiebelwürfel in 20 g Butter glasig dünsten.
- Fischmus mit Zwiebeln, Eiern, gemahlenen Mandeln, ausgedrücktem Brötchen, Zitronensaft und Dill verkneten und mit Salz und Pfeffer abschmecken.

- Aus dem Teig etwa 12 Klößchen formen. In der restlichen Butter bei milder Hitze rundum etwa 10 Min. braten und heiß oder kalt servieren.

Dazu passt sehr gut der Gurkensalat von S. 108, und wenn Sie noch Salzkartoffeln dazu reichen, haben Sie eine vollständige Mahlzeit. Diese Fischklößchen schmecken auch kalt sehr gut.

41

Koreanische Reisbällchen

Ergibt 4 Portionen bzw. 40 Bällchen

320 g Rundkornreis
50 g gekochte Garnelen, feingewürfelt
1 Kartoffel, feingewürfelt
1 Karotte, feingewürfelt
1 Stück Zucchini (3 cm), feingewürfelt
1 rote Paprikaschote, feingewürfelt
150 g fermentiertes Kimchi, feingehackt
1 kleine Dose Thunfisch im eigenen Saft
5 Seetangblätter
2 EL Sesamsamen
1 TL Chilipulver
1 TL Sesamöl
Salz
Pflanzenöl zum Braten

- Den Reis waschen, bis das Wasser klar ist. Mit der doppelten Menge Wasser zum Kochen bringen. Aufkochen lassen, umrühren und etwa 15 Min. bei sehr niedriger Hitze fertig garen, bis er weich und das Wasser vollständig aufgesogen ist. Vom Herd nehmen und weitere 10 Min. quellen lassen.
- Die Kartoffelwürfel mit etwas Öl in einer Pfanne anbraten, nach und nach Karotte, Zucchini und Paprika dazugeben und ebenfalls anbraten.
- Die Hälfte des gekochten Reis' mit den Garnelen, dem gebratenen Gemüse und wenig Salz in einer Schüssel vermengen.
- Von der Masse jeweils einen gehäuften EL abstechen und mit feuchten Händen zu Bällchen formen.

- Den Thunfisch gut abtropfen lassen und zerrupfen.
- Die Seetangblätter ohne Fett von beiden Seiten kurz rösten und in eine kleine Schlüssel bröseln.
- Die Sesamsamen in einer Pfanne ohne Fett rösten, bis sie duften und in eine kleine Schüssel geben.
- Das Kimchi und den Thunfisch mit dem Chilipulver vermischen und in einer Pfanne anbraten, das Sesamöl untermengen.
- 2 Prisen Salz unter den restlichen Reis mischen.
- Von dieser Reismasse ebenfalls Portionen in der Größe eines gehäuften EL abstechen, auf der feuchten Handfläche flachdrücken, in die Mitte 1 TL der Kimchi-Thunfisch-Mischung geben und zu einem Bällchen verschließen.
- Die Gemüse- und Kimchi-Thunfisch-Reisbällchen in den zerbröckelten Seetangblättern oder den gerösteten Sesamsamen wälzen und sofort servieren.

Die Jumeokbap genannten Reisbällchen eignen sich gut für ein Partybuffet.

42

Sushibällchen*

Ergibt 26 Bällchen

750 g Sushireis, gekocht (entpricht etwa
275 g ungekochtem Sushireis)
6 EL Reisessig
1 EL Salz
2 EL Zucker
100 g frisches Thunfischfilet
100 g frisches Lachsfilet
80 g gekochte Garnelen, gewürfelt
1–2 Frühlingszwiebeln, in feinen Röllchen
Wasabipaste
Sojasauce
eingelegte Ingwerscheiben

*à la Kenichi Kusano

- 275 g Sushireis in einem Sieb unter fließendem kalten Wasser abspülen und sehr gut
  abtropfen lassen.
- Den Reis mit 300 ml Wasser aufkochen,
  2 Min. kochen lassen, die Hitze reduzieren
  und den Reis zugedeckt bei geringer Hitze
  10 Min. quellen lassen.
- Den Deckel abnehmen, 2 Lagen Küchenpapier zwischen Topf und Deckel klemmen
  und den Reis etwa 15 Min. abkühlen lassen.
- In der Zwischenzeit Reisessig, Salz und
  Zucker aufkochen und abkühlen lassen.
- Den Reis in eine Schüssel füllen, den
  Würzessig darüber träufeln und mit ei-
  nem Holzspatel vermengen, dabei aber
  nicht rühren. Den Reis bis zur weiteren
  Verwendung mit einem feuchten Tuch ab-
  decken.
- Thunfisch, Lachs und Gurke in etwa 2x4 cm
  große dünne Scheiben schneiden.
- Aus der Masse mit einem großen Löffel
  den Reis vorsichtig abstechen, auf ein Stück
  Frischhaltefolie geben und zu golfballgroßen
  Bällchen formen. Dabei nicht zu stark drück-
  en! Danach die Folie vom Reis ziehen.
- Fisch und Garnelen auf die Bällchen legen.
  Mithilfe der Folie die Bällchen in eine runde,
  feste Form bringen.
- Die Bällchen mit den Frühlingszwiebeln gar-
  nieren.

*Dazu reichen Sie Wasabi, Sojasauce und
Ingwerscheiben in kleinen Schälchen, in
die die Bällchen mit Stäbchen eingetunkt
werden können.*

Thailändische Fischbällchen

Ergibt 30 Bällchen

450 g festes weißes Fischfilet (z.B.
Kabeljau)
100 g grüne Bohnen
1 EL Fischsauce
3 EL Stärke oder Reismehl
1 Ei
20 g Koriandergrün, feingehackt
3 TL rote Currypaste aus dem Glas
1–2 TL rote Chilis, entkernt, feingehackt
2 Frühlingszwiebeln, in Röllchen
125 ml Öl

- Fisch in einer Küchenmaschine zu einer geschmeidigen Masse zerkleinern.
- Die Bohnen putzen und in etwa 8 Min. bissfest kochen, abgießen, mit kaltem Wasser abschrecken und in kleine Stückchen schneiden.
- Fischsauce, Stärke, Ei, Koriander, Currypaste und Chilis zufügen und alles gut vermischen.
- Die gehackten Bohnen und Frühlingszwiebelröllchen unterheben.
- Aus der Masse mit feuchten Händen kastaniengroße Bällchen formen.
- Das Öl in einer gusseisernen Pfanne erhitzen (es ist heiß genug, wenn an einem Holzlöffel Bläschen aufzusteigen beginnen). Die Bällchen goldbraun ausbacken, auf Küchenpapier abtropfen lassen und anrichten.

Diese Bällchen schmecken lauwarm oder kalt am besten, dazu reichen Sie den Thaidip von S. 122.

KOCHEN

KOCHEN

KOCHEN

KOCHEN

KOCHEN

44

Indonesische Garnelenbällchen

Ergibt 12 Bällchen

300 g rohe Garnelen
50 g getrocknete Reisvermicelli
1 Ei
185 ml Wasser
1 EL Fischsauce
1/2 TL Garnelenpaste (Badung)
1 EL Limetten- oder Zitronensaft
125 g Weizenmehl
3 Frühlingszwiebeln, in Röllchen
1–2 rote Chilis, entkernt, feingehackt
Öl zum Frittieren

- Garnelen schälen und Darm entfernen. Danach die Hälfte der Garnelen in der Küchenmaschine zerkleinern, bis sie breiig sind. Die übrigen Garnelen grobhacken und mit der Garnelenmasse vermischen.
- Vermicelli in eine Schüssel geben, mit heißem Wasser bedecken und 1 Min. ziehen lassen. Wasser abgießen und Vermicelli in kleine Stücke schneiden.

- Ei, Wasser, Fischsauce und Zitronensaft miteinander verquirlen.
- Das Mehl in eine Schüssel geben, in die Mitte eine Vertiefung drücken und nach und nach die Eimischung zugeben. Mit einem Holzlöffel schlagen, bis ein glatter Teig entstanden ist.
- Garnelen, Frühlingszwiebeln, Chili und Vermicelli hinzufügen und alles gut vermischen.
- Öl in einem großen Topf oder Wok erhitzen (es ist heiß genug, wenn an einem Holzlöffel Bläschen aufzusteigen beginnen), die Mischung esslöffelweise in den Topf geben und 3 Min. ausbacken, bis die Bällchen knusprig und goldbraun sind. Danach auf Küchenpapier abtropfen lassen und anrichten.

Dazu passt die süße Chilisauce von S. 123. Die Bällchen schmecken warm oder kalt gleichermaßen gut und eignen sich daher auch für das Partybuffet.

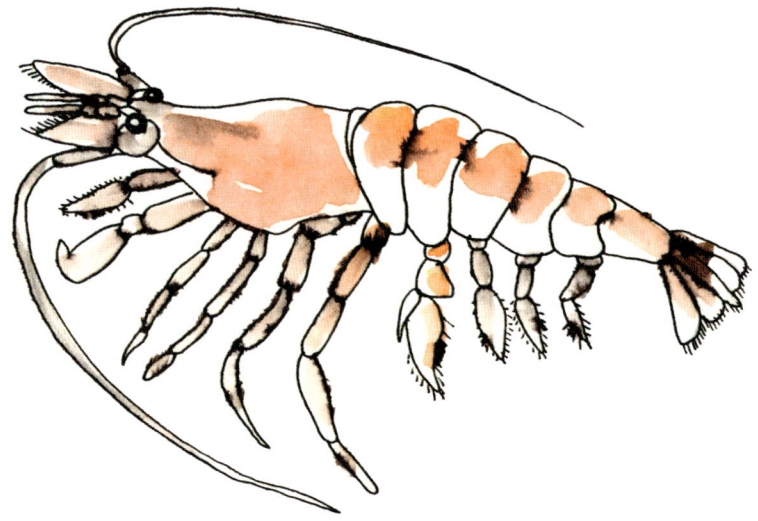

45

Gefilte Fisch

Ergibt 16 Bällchen

500 g Süßwasserfischfilet (1/2 Weißfisch, 1/2 Forelle), feingehackt
1 Ei
1 mittelgroße Zwiebel, grobgehackt
1 TL Salz
weißer, gemahlener Pfeffer
1/2 TL Zucker
1/2 Bund Petersilie
Mazzemehl (nach Bedarf)

Für den Sud
1 l Wasser
1 Karotte, in Scheiben
1 große Zwiebel, geachtelt
1 Scheibe Meerrettich
1 Scheibe Selleriewurzel, in Streifen
1 Lorbeerblatt
3 Gewürzkörner (Piment)
1 TL Salz
1 TL weißer Pfeffer, frisch gemahlen
1/2 TL Zucker

Für den roten Meerrettich
1 Meerrettich, feingeraspelt
1 kleine Rote Bete, in kleinen Würfelchen

- In einem großen Topf das Wasser mit den Gewürzen sowie Salz, Pfeffer und Zucker zum Kochen bringen. Das Gemüse hinzugeben und 10 Min. leicht köcheln lassen.
- Das Fischhack mit Ei, Zwiebel und Gewürzen im Mixer kräftig mischen, bis alles schön luftig ist.
- Mit feuchten Händen aus der Masse mandarinengroße Klöße formen. Falls der Teig zu sehr klebt, mit Mazzemehl verkneten.
- In den Sud gleiten lassen und bei schwacher Hitze gar köcheln. Nach etwa einer Stunde einen Kloß halbieren und prüfen. Abkühlen lassen.
- Den Meerrettich und mit den Rote-Bete-Würfeln vermischen und mit Mazze zum Gefilten Fisch servieren.

46

Tipp: Gefilte Fisch ist ein beliebtes jüdisches Gericht, das am Schabbat und an anderen Feiertagen als Vorspeise gegessen wird. Üblicherweise wird er mit etwas geliertem Fischsud kalt gegessen, schmeckt aber auch warm in der Suppe sehr gut. Gefilte Fisch gut am Vortag zubereitet und im Kühlschrank aufbewahrt werden. Zum Servieren auf jeden Fischkloß eine gekochte Karottenscheibe legen und etwas Sud darüber gießen.

Dazu passt der Rote-Bete Salat von S. 112.

KLAUS   KLOSS

Fischklößchen von der Waterkant

Ergibt 4 Portionrn bzw. 16 Klößchen

500 g Fischfilet (Seelachs oder Kabeljau)
2 altbackene Brötchen
100 g Schalotten, feingehackt
1 EL Butter
3–4 EL feingehackter Dill
2 Eier
1 TL mittelscharfer Senf
1 TL Salz
1/2 TL weißer gemahlener Pfeffer
1/4 TL Cayennepfeffer
4–5 EL Semmelbrösel
2 EL Butterschmalz
2 EL Butter

- Die Brötchen vom Vortag in kaltem Wasser einweichen.
- Die Schalottenwürfel in der Butter glasig dünsten, den Dill hineinrühren und abkühlen lassen.
- Das gut gekühlte Fischfilet durch den Fleischwolf drehen oder in der Küchenmaschine fein-pürieren und in eine Schüssel geben
- Die Brötchen ausdrücken, zerpflücken und mit zwei Eigelb, einem Eiweiß, Senf und den Gewürzen in die Schüssel geben und zu einem glatten Teig verrühren. Ist der Teig zu feucht, etwas Mehl dazugeben.
- Aus der Masse mit feuchten Händen aprikosengroße Klößchen formen, etwas plattdrücken und vor dem Braten nochmals gut kalt stellen.
- Die Semmelbrösel in einen flachen Teller geben und die Klößchen darin wenden.
- Im heißen Butterfett in 4–6 Min. rundum goldbraun braten. Das Bratfett abgießen und die 2 EL Butter in kleinen Stücken in die Pfanne geben. Gut aufschäumen lassen und die Fischklößchen damit begießen. Heiß servieren.

Dazu reichen Sie den schwäbischen Kartoffelsalat von S. 111 oder den Rote-Bete Salat von S. 112. Die Fischbällchen schme-cken auch kalt sehr gut und passen zu jedem Partybuffet. Dann aber die Semmelbrösel in heißer Butter weglassen.

48

Meatballs

Im Jahre 2013 fand in Deutschland eine bemerkenswerte Wahl statt: die zur ersten Weißwurstkönigin. Es wurde die Hotelfachfrau Nadja Wittmann. Die Fleischereifachverkäuferinnen Veronika Grotz und Sabrina Maier wurden ihr als Weißwurstprinzessinnen zur Seite gestellt. So geschehen natürlich in Bayern. Aber auch in meiner ursprünglichen Heimat, dem Schwabenland, ist Fleisch nicht wegzudenken. So sehr wird es geliebt, dass man es selbst in der Fastenzeit isst – allerdings heimlich. Diese Doppelmoral der Fleischesser ist bei uns Schwaben sprichwörtlich. Die sogenannten Herrgottsbescheißerle (Maultaschen) erhielten ihren Namen, weil dem Lieben Gott in der Fastenzeit vorgegaukelt wird, man äße Teigtaschen, die mit Gemüse gefüllt sind. In Wirklichkeit besteht die Füllung jedoch aus mit Spinat gefärbtem Wurstbrät. Gott wird es nie erfahren, aber wenn, würde er vermutlich ausrufen: »Dafür habe ich den lieben Jesus nicht geschickt!« Aber wer weiß, vielleicht reagiert er auch ganz cool? Gott soll schließlich in Frankreich leben. Und die Franzosen sind auch keine Vegetarier.

Ich persönlich finde Fleisch auch ganz gut. Und einer Sache kann ich niemals widerstehen: Knochen abnagen. Das macht mir die allergrößte Freude. Spare Ribs sind das Größte oder Kassler Rippchen mit riesigem Knochen. Gerne verzichte ich auf die zarte weiße Hühnerbrust, wenn ich stattdessen den leckeren Schenkel bekommen kann. Interessanterweise scheint Knochen abnagen genetisch zu sein. Mein Vater macht es gerne, sein Vater ebenso, meine Ur-ur-ur-Großväter hatten lange Säbelzähne mit denen sie ganze Mammutbeine abnagten! Die schlimmste Krise war für sie die Erfindung von Messer und Gabel.

Und etwas anderes esse ich auch noch besonders gern: Fleischklößchen. Das Besondere an diesen herzhaften Bällchen ist die Vielfältigkeit ihrer Zusammensetzung, denn, neben dem Fleisch, gehören unterschiedlichste Zutaten wie Gemüse und Getreide sowie ausgefallene Kräuter und Gewürze dazu. Sie können in einem einzigen Bällchen so viel an Geschmack konzentrieren wie selten bei anderen Gerichten. Das ist nicht nur lecker, sondern auch wahnsinnig praktisch. Deshalb verstehe ich bis heute nicht, warum Fleischbällchen nicht häufiger auf den Tisch kommen. Aber dem kann abgeholfen werden, einfach umblättern ...

Chilibällchen mit Schweinehack

Ergibt 4 Portionen bzw. 20 Bällchen

450 g mageres Schweinehack
3 Stengel Zitronengras, Außenblätter entfernt, feingehackt
1 EL rote Chilipaste
Schale von 1 Limette, feingehackt
3 Tomaten
1 TL Kurkuma
2 TL Galgant, feingehackt
1 Knoblauchzehe, feingehackt
1/2 TL Salz
Öl zum Frittieren
Limettenviertel und Chilischoten zum Garnieren

- Schweinehack, Zitronengras, rote Chilipaste und Limettenschale in eine Schüssel geben.
- Tomate mit dem Tomatenschäler schälen, entkernen und sehr kleinhacken.
- Tomatenstückchen, Kurkuma, Galgant, Knoblauch und Salz unterrühren und gut miteinander vermengen.
- Aus der Masse mit feuchten Händen aprikosengroße Bällchen formen. Mind. 30 Min. zugedeckt im Kühlschrank ziehen lassen.
- Das Öl erhitzen und die Bällchen portionsweise 5–6 Min. goldbraun braten. Auf Küchenpapier abtropfen lassen. Die heißen Bällchen mit Limettenvierteln und Chilischoten garnieren und servieren.

Dazu passen Reis und die Limetten-Chilisauce von S. 123 und der thailändische Gurkensalat von S. 114.

British Style Meatballs

Ergibt 4 Portionen bzw. 25 Meatballs

2 kleine Zwiebeln, feingehackt
2 Knoblauchzehen, feingehackt
1 Bund glatte Petersilie, sehr feingehackt
1 EL Butter
600 g gemischtes Hackfleisch
2 Eier
2 EL Semmelbrösel
2 TL Senf
2 EL Tomatenketchup
4 Spritzer Tabascosauce
2 TL Worcestersauce
2 TL getrockneter Thymian, zerrieben
2 TL getrockneter Oregano, zerrieben
2 TL Paprikapulver, rosenscharf
2 TL Salz
schwarzer Pfeffer, frisch gemahlen
Öl zum Braten

- Zwiebelwürfel, Knoblauch in der zerlassenen Butter glasig dünsten, die Petersilie hineinrühren. Das Hackfleisch mit den gedünsteten Zutaten, Eiern, Semmelbröseln und allen Gewürzen vermischen und mit den Händen gründlich durchkneten.
- Die Fleischmasse 5 Min. ruhen lassen und dann mit feuchten Händen aprikosengroße Bällchen formen.
- Das Fett in einer Pfanne erhitzen und die Fleischbällchen bei mittlerer Hitze etwa 5–6 Min. von allen Seiten goldbraun braten.

Dazu passen der scharfe Senfdip von S. 122 oder die Kräutermayonnaise von S. 124 sowie der einfache Tomatensalat von S. 108. Und da diese Meatballs kalt ebensogut wie warm schmecken, eignen sie sich hervorragend für ein Partybuffet.

53

Dänische Ebelskivers mit Wirsingfüllung

Ergibt 20 Pfannkuchenbällchen

150 g Mehl
1 1/2 TL Zucker
1/2 TL Natron oder Backpulver
2 Eier
250 ml Milch
2 EL geschmolzene Butter
4–6 Wirsingkohlblätter
2 EL Sojasauce
1 TL Kümmel
1 EL Sesamsamen
5 Tropfen Sesamöl
100 g Schafskäse, zerbröselt
60 g Kochschinken, feingewürfelt

- In einer Schüssel Mehl, Natron, Zucker und Salz vermischen.
- In einer anderen Schüssel die Eier verquirlen, dann die Milch und geschmolzene Butter unterrühren. Danach mit einem Holzlöffel unter die Mehlmischung rühren, bis ein glatter Teig entstanden ist. Beiseitestellen.
- Backofen auf 100 °C vorheizen.
- Die Wirsingkohlblätter vom Strunk befreien, mit kochendem Wasser übergießen und 5 Min. ziehen lassen. Danach abtrocknen und in sehr feine Streifen schneiden.
- Den Sesam in einer trockenen Pfanne kurz anrösten, bis er duftet.
- Die Wirsingkohlstreifen in der Sojasauce mit Kümmel, Sesam und Sesamöl marinieren. 15 Min. ziehen lassen.
- In der Zwischenzeit den Schafskäse und den Kochschinken in kleine Würfel schneiden. Beiseitestellen.

54

- Die Wirsingmischung unter den Teig heben.
- Die Augenpfanne (im allgemeinen mit sieben Backmulden) auf mittlerer Hitze erhitzen, jede Form mit etwas Butter auspinseln und warten, bis sie Bläschen wirft.
- Dann den Teig je bis zur Hälfte (etwa 1 TL) in die Backmulden füllen, in die Mitte Käse- und Schinkenwürfel geben, mit Teig ganz auffüllen und 3–5 Min. backen, bis sie leicht gebräunt sind.
- Danach vorsichtig die Bällchen umdrehen und weitere 3 Min. backen. Das Drehen funktioniert am besten mit Schaschlikspießen oder Holzstäben.
- Die Bällchen in eine ofenfeste Form geben und im Backofen warmstellen, während mit dem restlichen Teig ebenso verfahren wird.

Tipp: Dieser Teig eignet sich als Grundlage sowohl für süße Ebelskivers von S. 96, als auch für die herzhaften. Um diese wirklich raffinierten, aber einfach zu machenden Pfannkuchenbällchen herzustellen, braucht man eine Spezialpfanne, eine sogenannte Augenpfanne. Die gibt es für etwa 20 Euro zu kaufen.

Variation: Wenn man die Eier trennt, kann man das Eiweiß steif schlagen und später unter den Teig heben, damit er noch luftiger wird.

Dazu passt die süße Chilisauce von S. 123.

Chinesische Perlenbällchen Land und Wasser

Ergibt 12 Bällchen

150 g Klebreis
200 g frische kleine Shrimps, geschält
200 g Bratwurstbrät
150 g Schweinehack
2 EL helle Sojasauce
1 EL Reiswein
1 EL Ingwer, gehackt
2 Frühlingszwiebeln, in feinen Röllchen
1 Chilischote, entkernt, gehackt

- Den Klebreis in reichlich kaltem Wasser 2 Std. einweichen. Danach in einem Sieb abtropfen lassen.
- Die Shrimps waschen und trockentupfen. Mit Wurstbrät, Schweinehack, Sojasauce und Reiswein in einer Schüssel verkneten und 10 Min. ziehen lassen.
- Danach den Ingwer und die Frühlingszwiebeln untermischen. Nochmals gut durchkneten.

- Die Masse in 12 Portionen teilen und daraus mit feuchten Händen Bällchen formen. Den Klebreis auf einem Küchenbrett ausbreiten, und die Bällchen darin wälzen, bis sie rundherum von Reis eingehüllt sind, fest andrücken.
- Den Boden des Dampfkorbs einfetten oder mit einem passend zurechtgeschnittenen Baumwolltuch auslegen. Die Perlenbällchen darauf verteilen.
- Einen Wok zu einem Drittel mit Wasser füllen und zum Kochen bringen. Den Dampfkorb hineinsetzen und mit dem Deckel verschließen.
- Die Bällchen bei starker Hitze 25–30 Min. dämpfen. Bei Bedarf noch etwas Wasser nachfüllen. Warm servieren.

Dazu passt die Limetten-Chilisauce von S. 123. Da die Perlenbällchen auch kalt schmecken, eignen sie sich hervorragend für ein Partybuffet.

56

Chinesische Perlenbällchen mit Hackfleisch

Ergibt 12 Bällchen

150 g Klebreis
3 Tung-Ku- oder Shiitake-Pilze
2 Frühlingszwiebeln, in feinen Röllchen
300 g Schweinehack
1 EL feingehackter Ingwer
1 Ei
1 TL Speisestärke
1/4 TL schwarzer Pfeffer, frisch gemahlen
1 TL Sesamöl
2 EL helle Sojasauce

- Den Klebreis in reichlich kaltem Wasser 2 Std. einweichen. Danach in einem Sieb abtropfen lassen.
- Die Pilze 10 Min. in heißem Wasser einweichen, von den Stielen befreien und feinhacken.
- Hackfleisch, Pilze, Frühlingszwiebeln, Ingwer, Ei und Speisestärke in einer Schüssel gut miteinander verkneten. Mit Pfeffer, Sesamöl und Sojasauce würzen. Die Masse in 12 Portionen teilen und daraus mit feuchten Händen Bällchen formen.
- Den Klebreis auf einem Küchenbrett ausbreiten, und die Bällchen darin wälzen, bis sie rundherum von Reis eingehüllt sind, fest andrücken.

- Den Boden des Dampfkorbs einfetten oder mit einem passend zurechtgeschnittenen Baumwolltuch auslegen. Die Perlenbällchen darauf verteilen.
- Einen Wok zu einem Drittel mit Wasser füllen und es zum Kochen bringen. Den Dampfkorb hineinsetzen und mit dem Deckel verschließen.
- Die Bällchen bei starker Hitze 20 Min. dämpfen. Bei Bedarf noch etwas Wasser nachfüllen. Warm servieren.

Dazu passen die Limetten-Chilisauce von S. 123 sowie die sauerscharfe Sauce von S. 121. Da die Perlenbällchen auch kalt schmecken, eignen sie sich hervorragend für ein Partybuffet.

57

Indonesische Schweinehack-Chilibällchen

Ergibt 4 Portionen bzw. 20 Bällchen

450 g mageres Schweinehack
2 Stengel Zitronengras, Außenblätter entfernt,
feingehackt
1 EL Sambal Oelek (indonesische Chilipaste)
1 Jalapeno, gehackt
Schale von 1 Limette
2 rote Spitzpaprika, entkernt,
sehr feingehackt
2 TL Ingwer, feingehackt
1 Knoblauchzehe, feingehackt
1/4 TL Anispulver
1/2 TL Salz
Öl zum Frittieren
Limettenscheiben zum Garnieren

- Schweinehack, Zitronengras, Sambal Oelek
  und Jalapeno in eine Schüssel geben.
- Paprika in sehr kleine Würfel schneiden,
  Ingwer, Knoblauch, Anis und Salz unterrühren, alles gut mischen.
- Aus der Masse mit feuchten Händen
  aprikosengroße Bällchen formen und mind.
  30 Min. zugedeckt im Kühlschrank ziehen
  lassen.
- Das Öl erhitzen und die Bällchen darin portionsweise etwa 5–6 Min. frittieren, bis sie
  goldbraun sind. Auf Küchenpapier abtropfen
  lassen und heiß mit Limettenscheiben garniert servieren.

*Dazu passen Reis und die feurige Salsa
von S. 120.*

58

Sri-lankische Hackbällchen

Ergibt 4 Portionen bzw. 20 Bällchen

45 g Kokosflocken
500 g Rinderhack
2 Knoblauchzehen, zerdrückt
1 Zwiebel, feingehackt
1 TL Kreuzkümmel, gemahlen
1/2 TL Zimt
1/2 TL Limettenschale, gerieben
2 EL Limettensaft
1 EL frischer feingehackter Dill
1 TL Salz
1 TL gemahlener schwarzer Pfeffer
1 Ei, verquirlt
100 g Semmelbrösel
Öl zum Fritieren

- Backofen auf 150 °C vorheizen.
- Kokosflocken auf einem Blech etwa 10 Min. rösten, bis sie goldgelb sind. Nach 5 Min. sollte das Blech einmal geschüttelt werden.

- Kokosflocken, Rinderhack, Knoblauch, Zwiebel, Kreuzkümmel, Zimt, Limettenschale, Limettensaft und Dill verkneten. Mit Salz und Pfeffer abschmecken.
- Aus der Fleischmasse mit feuchten Händen kastaniengroße Bällchen formen, in verquirltem Ei wenden und in Semmelbröseln wälzen.
- Das Öl erhitzen, und die Bällchen darin portionsweise frittieren, bis sie goldbraun sind. Bei einem Bällchen testen, ob sie innen gar sind. Auf Küchenpapier abtropfen lassen und heiß servieren.

Dazu passen Reis sowie die Gurkenraita von S. 125 oder die Koriander-Joghurtsauce von S. 121. Kalt schmecken die sri-lankischen Bällchen auch sehr gut und eignen sich daher auch für jedes Partybuffet.

59

DAMIT DU KL

Mediterrane Fleischbällchen vom Blech

Ergibt 40 Bällchen

2 altbackene Brötchen
2 Zwiebeln, feingehackt
1 kg gemischtes Hackfleisch
2 Eier
3–4 TL mittelscharfer Senf
1 1/2 TL Salz
1 TL Pfeffer
1 TL Paprikapulver, edelsüß
4 ungebrühte feine Bratwürste
2 Frühlingszwiebeln
25 g Oliven, gehackt
25 g Kapern, gehackt
25 g geröstete Walnüsse, grobgehackt
40 g Parmesan, grobgeraffelt
abgeriebene Schale von 1/2 Zitrone
1 Chilischote, entkernt, feingehackt
1 EL Öl

- Brötchen 10 Min. in kaltem Wasser einweichen und ausdrücken.
- Backofen auf 250 °C vorheizen.
- Brötchen, Zwiebeln, Hackfleisch und Eier in einer Schüssel mit Senf, Salz, Pfeffer und Paprikapulver würzen und zu einem glatten Teig verkneten.

- Bratwurstbrät aus der Pelle drücken und mit dem Fleischteig gut vermischen.
- Teig in vier Portionen teilen. Eine Portion mit Frühlingszwiebeln, Oliven und Kapern verkneten, die zweite mit Walnüssen, die dritte mit Parmesan und die vierte mit Zitronenschale und Chili.
- Fettpfanne des Backofens mit Öl bepinseln.
- Je einen gehäuften EL der Fleischmasse mit feuchten Händen zum Bällchen formen, dicht nebeneinander in die Fettpfanne setzen und in etwa 20 Min. gar backen und heiß servieren.

Dazu passen Reis und besonders der Radicchiosalat mit grünem Spargel von S. 113. Diese Bällchen schmecken kalt ebensogut wie warm und eignen sich deshalb hervorragend für ein Partybuffet.

60

STARK WIRST!

Lammbällchen mit Ziegenkäse und karamellisierten Zwiebeln

Ergibt 20 Bällchen

120 g rote Zwiebeln, feingehackt
20 ml Olivenöl
1 TL Salz
1 TL schwarzer Pfeffer, frisch gemahlen
1 EL brauner Zucker
1 EL roter Balsamico
1 Ei
2 Knoblauchzehen, zerdrückt
500 g Lammhack
100 g fester Ziegenkäse, gerieben
100 ml Milch
150 g Semmelbrösel
2 EL glatte Petersilie, gehackt
3 EL Basilikum, gehackt

- Um die Zwiebeln zu karamellisieren, werden sie mit Salz, Pfeffer und Zucker im heißen Olivenöl angebraten und in etwa 15 Min. gebräunt. Erst in den letzten Minuten den Balsamico dazugeben.
- Backofen auf 220 °C vorheizen.
- Ein Backblech mit Backpapier auslegen.
- Das Ei in eine Schüssel schlagen. Alle anderen Zutaten dazugeben und gut verkneten.
- Aus der Masse kastaniengroße Bällchen formen, auf das Backblech legen und für 20 Min. backen. Wenn nötig drehen, damit sie nicht am Boden anbrennen.

Dazu passen der Bataviasalat mit Äpfeln und Walnüssen von S. 106 sowie das Petersilienpesto von S. 125.

61

Königsberger Klopse

Ergibt 4 Portionen bzw. 10–12 Klopse

1 altbackenes Brötchen
1/8 l heiße Milch
3 Sardellenfilets
1 Zwiebel, feingehackt
500 g gemischtes Hackfleisch
1 Prise Muskatpulver
1 Prise Piment
1 TL Pfeffer
1/2 TL geriebene Zitronenschale
1 Ei
Salz
weißer Pfeffer, frisch gemahlen
1 l Fleischbrühe
20 g Butter
20 g Mehl
250 g Sahne
8 EL saure Sahne
4 EL Kapern
1/4 l Weißwein
Saft von 1/2 Zitrone
2 TL mittelscharfer Senf
1 Prise Zucker
2 Eigelb

- Das Brötchen in dünne Scheiben schneiden, mit der heißen Milch übergießen und etwa 10 Min. einziehen lassen.
- Die Sardellenfilets 10 Min. wässern, anschließend trockentupfen und feinhacken.
- In einer Schüssel das Hackfleisch mit dem ausgedrückten Brötchen, den Sardellenfilets und Gewürzen, Zitronenschale, Zwiebel und Ei zu einer geschmeidigen Masse verkneten. Mit Salz und Pfeffer abschmecken.
- Aus der Masse mit feuchten Händen aprikosengroße Klopse formen.
- Die Fleischbrühe in einem Topf zum Kochen bringen. Klopse hineingeben und bei geringer Hitze etwa 15 Min. garen, dann mit dem Schaumlöffel herausheben. In einer vorgewärmten Schüssel warm stellen.
- Die Butter in einem Topf aufschäumen lassen, das Mehl zugeben und hell anschwitzen, 1/2 l der Fleischbrühe durch ein feines Sieb dazu gießen, gut umrühren und etwa 10 Min. durchkochen lassen.
- Die Sahne angießen und etwas einkochen lassen, bis die Sauce cremig wird.
- Die saure Sahne und die Kapern unter-

62

rühren, mit Weißwein, Zitronensaft, Senf, Zucker, Salz und Pfeffer abschmecken.
- Das Eigelb in einem Becher mit etwas Sauce verquirlen und unter die restliche Sauce rühren.
- Klopse wieder in den Topf geben und etwa 10 Min. bei geringer Hitze in der Sauce ziehen, aber nicht mehr kochen lassen. In einer vorgewärmten Schüssel anrichten.

Dazu passen mehlige Salzkartoffeln und die grünen Salate von S. 109.

Wildschweinklößchen mit Zwiebelkonfit

Ergibt 16 Klößchen und 200 ml Zwiebelkonfit

400 g Wildschweinhack
2 altbackene Brötchen
Milch
1 Ei
2 kleine weiße Zwiebeln, gehackt
2 Frühlingszwiebeln, in Röllchen
1 Knoblauchzehe, gerieben
1 TL Salz
1 TL weißer gemahlener Pfeffer
Paniermehl bei Bedarf
Gänseschmalz zum Braten

Für das Zwiebelkonfit
40 g Butter
1 kg rote Zwiebeln, geschält, geviertelt
375 ml Rotwein (z.B. Spätburgunder)
250 ml roter Balsamico
50 g Zucker
2 EL Johannisbeergelee
1 TL Salz

- Die Brötchen in Milch einweichen. Vorsicht, nicht zuviel, lieber ein wenig nachgießen.
- Wildschweinhack in eine Schüssel geben und mit allen Zutaten, bis auf das Gänseschmalz, gut vermischen. Ist die Masse zu feucht, etwas Paniermehl hinzufügen.
- Aus der Masse mit feuchten Händen 16 aprikosengroße Klößchen formen.
- Gänseschmalz in der Pfanne erhitzen und die Klößchen von allen Seiten knusprig braun braten. Danach 2–3 Min. bei milder Hitze weitergaren. Herausnehmen und auskühlen lassen.
- Für das Zwiebelkonfit Butter im Topf zerlassen, Zwiebeln dazugeben und andünsten, bis sie weich sind.
- Alle anderen Zutaten hineingeben und gut durchrühren. Etwa 11/2 Std. bei sehr milder Hitze köcheln lassen, bis die Flüssigkeit fast verkocht ist. Gelegentlich umrühren.
- Zwiebelkonfit in ein heiß ausgespültes Glasgefäß geben und fest verschließen.

Diese Wildschweinklöße eignen sich mit dem Zwiebelkonfit für jedes Partybuffet hervorragend.

Italienische Minifleischbällchen

Ergibt 2 Portionen bzw. 15 Minibällchen

10 grüne Oliven, entsteint und feingehackt
200 g Rinderhack
1 Eigelb
2 EL geriebener Parmesan
2 EL Sonnenblumenkerne
1/2 TL gehackter Thymian
1 EL gehackter Estragon
1/2 TL Meersalz
2 TL ungehärtetes Kokosfett

- Alle Zutaten, bis auf das Fett, kräftig miteinander verkneten.
- Aus der Masse mit feuchten Händen 2 cm dicke Bällchen formen.
- Das Kokosfett in einer Pfanne erhitzen, und die Minifleischbällchen darin von allen Seiten in etwa 6 Min. goldbraun braten und lauwarm oder kalt servieren.

Dazu passen fast alle Salate aus der Beilagensektion ab S. 106 sowie die Paprikasalsa von S. 118 oder die Guacamole von S. 119.

65

Meatloaf Slap 'yo Momma

Ergibt 6 Portionen bzw. 2 Riesenmeatloafs

500 g gemischtes Hackfleisch
1 Zwiebel, feingehackt
1 rote Paprika, feingehackt
2 Knoblauchzehen, zerdrückt
100 ml Kondensmilch (ja, wirklich!)
2 Eier
100 g Salzcracker, grob zerstoßen
100 ml A-1 Steak Sauce (oder andere
Steaksauce)
100 ml passierte Tomaten
100 ml Ketchup
1 TL Worcestersauce
1/2 TL Salz

Für die Glasur
3 EL Ahornsirup
50 ml Ketchup
1 EL geriebener Ingwer
2 EL brauner Zucker
2–3 Spritzer Hot Sauce (ersatzweise
Tabasco)
2–3 EL Zitronensaft
Pfeffer
4 Tomaten, halbiert
Olivenöl

- Backofen auf 180 °C vorheizen.
- Hackfleisch mit gehackten Zwiebeln und Paprika sowie der Steak Sauce, Ketchup, den passierten Tomaten, Eiern und der Kondensmilch in eine große Schüssel geben und kräftig verkneten.
- Danach die Cracker dazugeben und vorsichtig vermengen.
- Aus der Masse zwei große Kugeln formen und in einen gefetteten Bräter oder eine Auflaufform geben.
- Die Tomatenhälfen mit Olivenöl bestreichen und um die Meatloafs herumlegen.
- Etwa 90 Min. bei geschlossenem Deckel backen.
- Für die Glasur alle Zutaten kräftig miteinander verrühren.
- Die Glasur über den Hackbraten geben und ohne Deckel weiterbacken, bis die Glasur ganz und gar eingekocht ist.
- Die Riesen-Meatloafs in Scheiben schneiden und servieren.

Dazu passen Kartoffelpüree und die BBQ-Sauce von S. 120. Und wie der hungrige Amerikaner sagen würde: »Now, slap 'yo momma if this meatloaf ain't the bomb!!!«

66

New York Style Chicken Balls

Ergibt 8 Portionen bzw. 20 Chicken Balls

3 Schalotten, feingehackt
600 g Bratwurstbrät
600 g Hühnerhack
3–4 EL Semmelbrösel
100 g Korinthen
2 Eier
1 TL Salz
1/2 TL gemahlener weißer Pfeffer
1/4 TL Zimt
Sonnenblumenöl

- Backofen auf 190 °C vorheizen.
- Ein Backblech mit Backpapier auslegen.
- Korinthen etwa 10 Min. in heißem Wasser einweichen, dann gründlich ausdrücken.
- Alle Zutaten sorgfältig miteinander vermengen.
- Aus der Masse mit feuchten Händen 20 Bällchen formen und auf das Backblech geben.
- In etwa 35 Min. goldbraun backen und heiß servieren.

Dazu passen die BBQ-Sauce von S. 120 oder die Kräutermayonnaise von S. 124.

Hühner-Käsebällchen Buffalo

Ergibt 4 Portionen oder 30 Bällchen

1 Brathuhn, gar (etwa 1,5 kg)
30 ml Hot Sauce, alternativ 2–3 EL Tabasco
1 TL Pfeffer, gemahlen
150 g würziger Cheddar, gerieben
30 g Frühlingsziebeln, in Röllchen
120 g Weizenmehl
3 Eier, verquirlt
240 g Panko-Paniermehl aus Japan,
alternativ Semmelbrösel
Pflanzenöl zum Frittieren

- Das Hühnerfleisch vom Knochen entfernen, zerpflücken und in eine große Schüssel geben. Wer mag, nimmt auch die Haut.
- Hot Sauce, Pfeffer, Käse und Frühlingszwiebeln dazugeben und alles gut vermengen.
- Aus der Masse mit feuchten Händen golfballgroße Bällchen formen.
- Mehl, Eier und Paniermehl in drei separate Schalen geben.
- Jedes Bällchen erst im Mehl, dann in den Eiern und zum Schluss im Paniermehl rollen.

- Die Bällchen in heißem Öl (es ist heiß genug, wenn an einem Holzlöffel Bläschen aufzusteigen beginnen) nacheinander etwa 2 Min. frittieren.
- Auf Küchenpapier abtropfen lassen und heiß servieren.

Dazu passen hervorragend die feurige Salsa von S. 120 sowie die Salatherzen mit Radicchio und grünem Spargel von S. 113. Diese Bällchen schmecken auch kalt sehr gut und eignen sich so für ein Partybuffet.

Albanische Qofte

Ergibt 4 Portionen bzw. 20 Bällchen

500 g Hackfleisch (Rind und Lamm)
1 Ei
4 EL glatte Petersilie, feingehackt
5 EL Minze, feingehackt
3 EL Öl
4 EL feiner Bulgur
1 TL Salz
1 Zwiebel, feingehackt
2 Knoblauchzehen, feingehackt
1/2 TL Pfeffer
1 TL Chiliflocken
1/2 TL Kreuzkümmel
1 TL Paprikapulver
1 Prise Zimt
1 EL Zitronensaft
2 EL Sonnenblumen- oder Rapsöl

- Alle Zutaten sorgfältig miteinander verkneten und die Masse 1 Std. im Kühlschrank abgedeckt ziehen lassen.
- Aus der Masse mit feuchten Händen kastaniengroße Bällchen formen.
- Das Öl in einer Pfanne erhitzen, und die Köfte erst bei hoher Hitze 2–3 Min. von allen Seiten anbraten, dann bei mittlerer Hitze in etwa 10–15 Min. gar braten.

Dazu passen Fladenbrot, Ayvar und gehackte rohe Zwiebeln. So essen es die Albaner in Tirana gerne – in einer einfachen aber urigen Qofteria (einer »Köftebraterei«) in der Bier vom Fass, Cevapce (große Cevapcici) und eben Qofte (Köfte) serviert werden.

Köttbullar

Ergibt 4 Portionen bzw. 20 Bällchen

1 Zwiebel, sehr fein gehackt
125 ml Fleischbrühe
200 ml Sahne
1 TL Senf
5 EL Paniermehl
400 g gemischtes Hackfleisch
200 g Bratwurstbrät
1 TL Salz
1 TL Pfeffer
1/4 TL Piment
1/4 TL Muskatpulver
1/2 TL Salbeipulver
1/2 TL Paprikapulver
2 Eier
1–2 EL Bratenfett
125 ml Rotwein
125 ml Kalbsfond
1 Zwiebel

- Die feingehackte Zwiebel in einer Pfanne etwa 3 Min. andünsten, danach mit der Brühe ablöschen und ein paar Min. abkühlen lassen.
- Sahne, Senf und Panirmehl dazugeben und 10 Min. quellen lassen.
- Backofen auf 180 °C vorheizen.
- Die abgekühlte Masse mit Hackfleisch und Wurstbrät vermengen und mit Salz, Pfeffer, Piment, Muskat, Salbei und Paprika abschmecken.
- Aus der Masse mit feuchten Händen etwa 25 kastaniengroße Bällchen formen.
- Im heißen Bratenfett etwa 12 Min. ausbraten.
- Ein Backblech mit Backpapier auslegen. Die Köttbullar daraufgeben und 7 Min. im vorgeheizten Backofen fertiggaren.
- In der Zwischenzeit die Sauce zubereiten. Dazu den Bratensatz in der Pfanne mit dem Rotwein ablöschen und vollkommen einkochen lassen. Den Kalbsfond dazugeben und zur Hälfte einkochen. Nun die restliche Sahne hineinrühren und kurz aufkochen lassen. Mit Salz, Pfeffer und einer Prise Salbeipulver abschmecken und heiß servieren.

Dazu passen Kartoffeln oder Reis und der fruchtige Rohkostsalat von S. 107.

71

Persische Walnuss-Fleischbällchen

Ergibt 20 Bällchen

100 g Reis
70 g gelbe Schälerben, gewaschen
400 g Lamm- oder Rinderhack
1–2 Eier
12 gehackte Walnüsse
3 EL Datteln, mittelfein gehackt
3 EL Rosinen oder gehackte Backpflaumen
1 TL Salz
1 TL Pfeffer
1 TL Masala Currypulver
1 TL Paprikapulver, rosenscharf
je 1 EL Bohnenkraut, Minze, Petersilie, Dill,
Schnittlauch, feingehackt
1 Zwiebel, grobgehackt
Öl

- Reis waschen und 2 Std. in reichlich Salzwasser stehen lassen.
- In dem Salzwasser in 10–12 Min. sprudelnd weichkochen, danach in einem Sieb mit kaltem Wasser abschrecken und abtropfen lassen.
- Schälerbsen in wenigen Minunten weichkochen und abgießen.
- Fleisch, Reis, Schälerbsen, Eier, Walnüsse, Datteln, Rosinen und Gewürze verkneten.
- Die Kräuter dazugeben und weiterkneten, bis eine kompakte Masse entsteht.
- Für die Sauce Öl in einer Pfanne erhitzen und die Zwiebeln anrösten.
- 1 l Wasser mit 4 EL der Fleischmischung dazugeben, kräftig durchrühren, mit Salz und Pfeffer abschmecken und einmal aufkochen lassen.
- Aus der Masse mit feuchten Händen mandarinengröße Bällchen formen und diese in die Sauce geben, die Bällchen sollten halb bedeckt sein. Nach etwa 5 Min. drehen und bei geringer Hitze weitere 30–40 Min. zugedeckt garen und heiß servieren.

Dazu passen Hummus von S. 119 und Fladenbrot.

72

Pakistanische Lammköfte

Ergibt 6 Portionen bzw. 30 Bällchen

1 kg Lammhack
1 große Zwiebel, feingehackt
2 grüne Chilis, entkernt, feingehackt
1 EL frisch geriebener Ingwer
3 Knoblauchzehen, feingehackt
1 TL gemahlener Kardamom
1 EL Salz
1 TL Pfeffer
1 Ei
2 EL Öl
5 EL Paniermehl

Für die Sauce
1 EL Öl
1 Zwiebel, in Ringen
1 grüne Chili, entkernt, feingehackt
1 EL frisch geriebener Ingwer
3 Knoblauchzehen, feingehackt
1 TL gemahlener Kurkuma
2 TL gemahlener Koriander
2 TL gemahlener Kreuzkümmel
1 TL Chilipulver
2 EL heller Essig
350 ml Wasser
200 g Joghurt
300 ml Kokosmilch
3 EL Koriandergrün, gehackt

- Backofen auf 180 °C vorheizen.
- Ein Backblech mit Backpapier auslegen.
- In einer Schüssel alle Zutaten sorgfältig miteinander vermengen.
- Aus der Masse mit feuchten Händen kastaniengroße Bällchen formen, auf das Blech geben und 20 Min. backen. Danach mind. 10 Min. abkühlen lassen.
- Für die Sauce Öl in einer Pfanne erhitzen.
- Zwiebel, Ingwer, Chili, Knoblauch und Kurkuma zugeben und unter Rühren bei mittlerer Hitze braten, bis die Zwiebeln glasig sind. Nach und nach Koriander, Kreuzkümmel, Chilipulver, Essig, Wasser und die Fleischbällchen zugeben und alles gut, aber vorsichtig umrühren, damit die Bällchen nicht auseinanderfallen.
- Zugedeckt 30 Min. köcheln lassen.
- Zum Schluss den Joghurt mit der Kokosmilch verrühren, zu den Fleischbällchen geben, gut umrühren und weitere 10 Min. köcheln lassen. Mit Koriandergrün bestreuen und heiß servieren.

Dazu reichen Sie Basmati- oder Jasminreis.

73

KLOSSARTIG!

Klöße lecker!

Leberknödel in Brühe

Ergibt 6 Portionen bzw. 20 Knödel

1 Zwiebel, feingehackt
1 Selleriestange, feingehackt
30 g Butter
5 EL gehackte glatte Petersilie
150 g Kalbsleber
150 g Hühnerbrust
3 altbackene Brötchen
150 ml lauwarme Milch
2 Eier
1 TL Salz
1/2 TL Oregano, zerrieben
1/2 TL Majoran, zerrieben
1/2 TL Muskatpulver
1 TL weißer Pfeffer
2–3 EL Zitronensaft
1–2 Knoblauchzehen, zerdrückt
3–5 EL Semmelbrösel nach Bedarf
4 Frühlingszwiebeln, in Röllchen
1,5 l Fleischbrühe

- Butter in einer Pfanne erhitzen, Zwiebel und Sellerie andünsten, etwas abkühlen lassen und die Petersilie unterrühren. Beiseitestellen.
- Leber und Hühnerbrust in feine Stücke schneiden, Sehnen entfernen.
- Die Brötchen klein schneiden und in einer Schüssel mit der Milch übergießen, verrühren und kurz einziehen lassen.
- Die gehackte Leber und Hühnerbrust dazugeben, Eier, Gewürze, Zitronensaft, Knoblauch sowie die Zwiebel-Selleriemischung untermischen.

- Alles gut mit dem Zauberstab pürieren, so dass eine feine Masse entsteht.
- Falls der Teig zu feucht ist, noch einige Semmelbrösel unter den Teig mischen und 30 Min. ziehen lassen.
- Aus der Masse mit feuchten Händen golfballgroße Klöße formen und diese in die kochende Fleischbrühe geben. Nach einigen Min. die Hitze reduzieren und die Klößchen 15–20 Min. bei mittlerer bis kleiner Hitze garziehen lassen.
- Mit frisch gehackten Frühlingszwiebeln bestreuen und servieren.

Dazu frisches Bauernbrot oder Brezeln reichen.

75

Würzige Putenbällchen – Spicy Turkey Balls

Ergibt 30 Bällchen

700 g Putenbrust, gegart
1/4 EL Olivenöl
Pfeffer, frisch gemahlen
Salz
60 g Staudensellerie, gehackt
60 g Zwiebeln, gehackt
15 g Salbeiblätter, gehackt
2 Stengel frischer Thymian, Blätter feingehackt
900 g altbackenes Brot, in Würfelchen
240 g Hühnerbrühe
500 g Kartoffelbrei (mit 50 g untergerührtem
Parmesan)
Öl zum Frittieren

- Backofen auf 200 °C vorheizen.
- Die Putenbrust mit Öl einreiben, mit Salz und Pfeffer würzen und in eine ofenfeste Bratpfanne legen. Im Backofen durch und durch erhitzen. Danach abkühlen lassen.
- Sellerie, Zwiebeln und Kräuter vermischen und mit etwas Olivenöl kurz in einem Saucentopf anschwitzen lassen. Die Brotwürfel und die Brühe dazugeben und 10 Min. kochen.
- Danach abkühlen lassen und in eine große Schüssel geben.
- Das Öl in einer tiefen Pfanne oder einer Friteuse erhitzen.
- Den Truthahn würfeln und mit dem Kartoffelpüree und der Masse in der Schüssel gut vermischen.
- Aus der Masse mit feuchten Händen aprikosengroße Bällchen formen und im heißen Fett (es ist heiß genug, wenn an einem Holzlöffel Bläschen aufzusteigen beginnen) frittieren, bis sie goldbraun sind. Auf Küchenpapier abtropfen lassen und heiß servieren.

Dazu passen die Aioli von S. 124, die Paprikasalsa von S. 118 oder der Zucchini-Endiviensalat von S. 113.

76

Türkische Köfte mit Rosinensauce

Ergibt 4 Portionen bzw. 20 Köfte

500 g Gemüsezwiebeln, in dünnen Streifen
60 g Rosinen
1/2 TL Salz
1/2 TL gemahlener schwarzer Pfeffer
1/2 TL Ras el Hanout (marokkanische Gewürzmischung)
400 g Hühnerbrühe
60 g Petersilie, gehackt
30 g Paniermehl
1/2 TL Ras el Hanout
1/2 TL schwarzer Pfeffer, frisch gemahlen
1 Ei, verquirlt
600 g Putenhack
30 g Mandeln, gestiftet, geröstet
Salz

- Gemüsezwiebeln, Rosinen, Salz, Pfeffer, Ras el Hanout und Hühnerbrühe in einem, möglichst gusseisernen Topf, zum Kochen bringen. Die Hitze verringern und für 10 Min. köcheln lassen, bis die Sauce dicker wird, ab und zu umrühren.
- Petersilie, Paniermehl, Brühe, Ras el Hanout, Pfeffer, Ei und das Putenhack in einer großen Schüssel verkneten, mit Salz abschmecken.
- Aus der Masse mit feuchten Händen kastaniengroße Bällchen formen. Auf die Zwiebelsauce geben, zudecken und 20 Min. kochen, bis die Köfte gar sind.
- Mit gerösteten Mandeln garnieren.

Dazu passen Nudeln oder Reis.

77

Dinkel-Rosenkohlbällchen mit Wurstbrät

Ergibt 30 Bällchen

270 g Dinkel
200 g Bratwurstbrät
200 g Rosenkohl, feingehackt
1 Prise Zucker
4 EL Sahne
3 EL Wasser
1/2 TL Meersalz
1/2 TL gemahlener Pfeffer
1/2 TL Rosmarin, gerebelt
1 Knoblauchzehe, zerdrückt
1 Prise Muskatpulver
3 EL Semmelbrösel
1 1/2 EL Zitronensaft
1 Ei

- Dinkel über Nacht einweichen lassen. 20 Min, kochen, im Sieb abtropfen lassen.
- Mit dem Wurstbrät gut vermengen.
- Den feingehackten Rosenkohl in einer Pfanne anbräunen und eine Prise Zucker dazugeben. Hitze drosseln, Sahne, 3 EL Wasser, Meersalz, Pfeffer, Rosmarin,Knoblauch, Muskatnuss dazugeben.
- Von der Herdplatte nehmen und mit Zitrone abschmecken. 3 EL Semmelbrösel dazugeben und 10 Min quellen lassen.
- Backofen auf 180 °C vorheizen. Backblech mit Backpapier auslegen.
- Die Rosenkohlmasse mit einem verquirlten Ei unter den Dinkelteig mischen.
- Aus der Masse mit feuchten Händen golfballgroße Bällchen formen, gut zusammendrücken, auf das Backblech legen und 30 Min. im Ofen backen.

Diese Bällchen schmecken auch kalt sehr gut und eignen sich so für ein Partybuffet.
Dazu passen der Rohkostsalat von S. 107 und die Kräutermayonnaise von S. 124.

Chinesische Hühnerbällchen

Ergibt 6 Portionen bzw. 65 Bällchen

120 g Weizenmehl
120 g Maisstärke
2 TL Backpulver
2 TL Natron
1 TL Ingwer, gerieben
1 TL Knoblauchpulver
1/2 TL Selleriepulver
2 TL Zucker
140 ml kaltes Wasser
1–2 TL Sesamöl
Pflanzenöl zum Frittieren
8 Hühnerbrüste, kleingewürfelt
Salz

- Mehl, Maisstärke, Backpulver, Natron, Ingwer, Knoblauch- und Selleriepulver in einer großen Schüssel vermischen. Wasser und Sesamöl dazugeben und kräftig durchkneten, bis eine weiche Masse entsteht.
- Die Hühnerwürfelchen dazugeben, vermengen und kastaniengroße Bällchen formen.
- In einer Fritteuse oder gusseisernen tiefen Pfanne das Öl erhitzen und die Bällchen frittieren, bis sie goldbraun sind, das dauert etwa 3–4 Min.
- Auf Küchenpapier abtropfen lassen und heiß servieren.

Dazu passen eine leichte Sojasauce und der grüne Papayasalat von S. 114. Diese Bällchen schmecken auch kalt sehr gut und eignen sich so für ein Partybuffet.

80

Sweet Balls

Das letzte Mal, dass ich mir nach wirklich jedem Essen ein Dessert bestellte, war im Jahre 1995. Ich war mit meiner damaligen großen Liebe in Prag, wo ein Menü inklusive großem Bier umgerechnet 5 Deutsche Mark gekostet hat. Das Restaurant Austria war ein Geheimtipp, und wir haben es öfter besucht. Es hatte einen riesigen Speisesaal in dem stets nur ein einziger Gast saß, vermutlich der Vater des galanten Oberkellners. Und wir. Dort habe ich das erste Mal in meinem Leben Serviettenknödel gegessen: ein Gedicht! Und um seinem Namen alle Ehre zu machen, gab es im Restaurant Austria selbstverständlich großartige Desserts wie Marillenknödel, Powideltascherln oder Topfenknödel – weitere Gedichte in Knödelform mit Schlagobers und Vanillesauce. Wir waren dort sehr glücklich und sehr satt.

In Prag war es auch, wo wir nach einem, nicht allzu erfreulichen sozialistischen Frühstück einen zweiten, ordentlichen Frühstückskaffee in einem alten Prager Café zu uns nehmen wollten. Dort war es schön gemütlich, und man sprach weder englisch noch deutsch. Die Kaffeebestellung bekamen wir frischgebackenen Abiturienten gerade noch hin, mit Händen und Füßen, denn Kaffee heißt auf tschechisch ja auch nur nur »kafe« ...

Jedenfalls rauchten wir damals wie die sozialistischen Fabrikschlote, und deswegen bestellte mein Freund einen »ASCHENBECHER, please! An ashtray! A S C H E N B E C H E R, bitte.«

Die freundliche Bedienung schien uns sofort zu verstehen. Sie nickte wissend und war in kürzester Zeit wieder zurück. Mit zwei vollen Likörgläsern. Eigenartig. Wir probierten die grüngelbliche Flüssigkeit. Sie schmeckte fein nach Zimt und Lebkuchengewürz, köstlich! Aber was ist das nur für ein Getränk, das man bekommt, wenn man einen Aschenbecher wünscht? Wir durchsuchten die Speisekarte. Und da stand es: Becherovka! Ich kann nur sagen, liebe Raucher: Aschenbecher zu Flugscharen, äh ... Becherovka! Man kann es übrigens auch mit Tonic Water mixen – dann heißt es Beton.

Und weil es ja im folgenden Kapitel um Süßes geht: Dieser feine tschechische Likör Becherovka passt sehr gut zu den Holländischen Pepernoten von S. 98. Ich persönlich trinke zu Weihnachtsplätzchen und Kuchen auch gerne mal ein Bier. Aber das ist – wie alles im Leben – Geschmackssache.

Schokoladentrüffel

Ergibt 25 Trüffel

250 g Zartbitterschokolade (mind. 50%
Kakaogehalt)
200 g sehr weiche Butter
150 g Puderzucker
3 Eigelb
70 g ungesüßtes Kakaopulver

- Die Schokolade grobhacken und in einer
  Metallschüssel im heißen Wasserbad schmelzen, dabei immer wieder umrühren.
- Ist die Schokolade flüssig, vom Herd nehmen und die Butter, den Puderzucker und
  zum Schluss die Eigelb hineingeben und zu
  einer glatten Masse verrühren. Mind. 3 Std.
  kalt stellen.
- Die Kakaomasse in einen tiefen Teller geben.
- Mit einem Teelöffel von der Trüffelmasse
  abstechen und mit feuchten Händen kleine
  Trüffel formen, im Kakaopulver wälzen und
  anrichten.

Tipp: Sie können die Trüffel natürlich noch
mit Chilipulver, Kardamom, Vanille oder
Zimt aromatisieren.

84

Zimtkugeln

Ergibt 25 Kugeln

400 g Mehl
2 Eier
100 g weiche Butter
1 Prise Salz
2 EL gemahlener Zimt
80 g feiner weißer Zucker
3 EL Milch
Öl zum Frittieren

- Das Mehl in eine große Schüssel geben, Eier, Butter, eine gute Prise Salz, Zimt und 60 g Zucker dazugeben. Nach und nach die Milch angießen. Dabei ständig mit einem Kochlöffel rühren, bis ein glatter Teig entstanden ist.
- Den Teig im Kühlschrank mind. 30 Min. ruhen lassen.
- Aus der Masse mit feuchten Händen kastaniengroße Kugeln formen. Im heißen Öl (es ist heiß genug, wenn an einem Holzlöffel Bläschen aufzusteigen beginnen) in einem hohen Topf goldgelb ausbacken.
- Auf Küchenpapier abtropfen und auskühlen lassen. Im restlichen Zucker wälzen und anrichten.

Hierzu passt die Englische Creme von S. 127 ganz hervorragend – ein köstlicher Nachtisch und natürlich ideal für jedes Partybuffet.

Tiramisukügelchen

Ergibt 35 Kügelchen

250 g Mascarpone
100 g weiche Butter
2 EL Vanillezucker
250 g Löffelbiskuit, grob zerkleinert
2 EL löslicher Kaffee
3 EL brauner Rum (oder 6 EL Amaretto)
100 g Kakaopulver

- Mascarpone, Butter, Vanillezucker verrühren, Löffelbiskuit unterheben.
- Den löslichen Kaffee in Rum oder Amaretto auflösen und in die Creme rühren. Über Nacht kaltstellen.
- Aus der Masse 2–3 cm dicke Kugeln formen, in Kakao wälzen und anrichten.

Energiebällchen

Ergibt 60 Bällchen

200 g blütenzarte Haferflocken
2 EL Sonnenblumenkerne oder Nüsse nach
Wahl, gehackt
25 g Sesamsamen, geröstet
10 g Ahornsirup
50 g Rosinen, feingehackt
abgeriebene Schale von 1/2 Zitrone
150 g Milch
Kokosflocken, Pistazienmehl und Mandelmehl
zum Dekorieren

- Alle Zutaten (bis auf die zur Dekoration)
  vermischen, mit den Händen gut durchkneten und mind. 10 Min. ruhen lassen.
- Anschließend aus der Masse mit feuchten
  Händen etwa 1,5 cm dicke Bällchen formen
  und wahlweise in Kokosflocken, Pistazien-
  oder Mandelmehl wälzen.
- Mind. 2 Std. durchziehen lassen und anrichten.

Tipp: Statt der Rosinen lassen sich natürlich auch andere sehr feingehackte
Trockenfrüchte wie Aprikosen, Feigen
oder Pflaumen verwenden.

87

Rumbömbchen

Ergibt 50 Stück

200 g dunkle Schokolade (mind. 70%
Kakaogehalt)
100 ml Rohrzuckersirup
75 ml Cognac
100 ml dunkler Rum
400 g Butterkekse, feinzerrieben
100 g Mandeln, feingehackt
100 g Walnüsse, feingehackt
3–4 EL Zucker zum Wälzen

- Die Schokolade grobhacken und in einer Metallschüssel im heißen Wasserbad
  schmelzen, dabei immer wieder umrühren.
- Ist die Schokolade flüssig, vom Herd nehmen und alle anderen Zutaten, bis auf den
  Zucker, hineingeben, zu einer glatten Masse
  verrühren.
- Jeweils 1 EL der Masse mit feuchten
  Händen zu etwa 2,5 cm dicken Kugeln formen und in Zucker wälzen.
- Die Kugeln mind. 4 Std. im Kühlschrank fest
  werden lassen.

Tipp: Die Bömbchen eignen sich gut zum
Verschenken, dazu nach dem Abkühlen wie
Bonbons in Zellophanfolie einwickeln, das
sieht sehr hübsch aus.

Marzipankartoffeln mit Himbeergeist

Ergibt 20 Stück

250 g Marzipanrohmasse
80 g Puderzucker
1/2 TL geriebene Zitronen- oder
Orangenschale (unbehandelt)
1 EL Himbeergeist (oder ein anderer
Obstbrand)
150 g Kakao- oder Schokoladenpulver

- Die Marzipanrohmasse in einer Schüssel mit Puderzucker, Zitronenschale und Himbeergeist fest verkneten. Sollte die Masse noch an den Fingern kleben, mehr Puderzucker zugeben.
- Mit feuchten Händen etwa 1,5 cm dicke Kugeln formen, in Kakao- oder Schokoladenpulver wälzen und anrichten.

Tipp: Diese Marzipankartoffeln sind ein schönes Geschenk. Dazu einfach in einen kleinen Jutebeutel füllen und mit einer Schleife zubinden.

Topfenknödel

Ergibt 20 Knödel

50 g weiche Butter
80 g brauner Zucker
500 g Topfen (Quark)
2 Eier
Salz
1 Päckchen Vanillezucker
Schale von 1/2 Zitrone
100 g altbackenes Weißbrot

- Die Butter mit Zucker, Quark und den Eiern schaumig rühren. Salz, Vanillezucker und Zitronenschale untermischen.
- Das Weißbrot entrinden und in kleine Stücke zerbröseln. Ebenfalls in den Teig rühren, und wenn die Masse noch zu weich ist, etwas Paniermehl unterrühren.
- Aus der Masse mit feuchten Händen aprikosengroße Knödel formen.
- In einem großen Topf reichlich Wasser zum Kochen bringen. Die Knödel darin 15 Min. eher ziehen als köcheln lassen und heiß servieren.

Man kann die Topfenknödel auch mit Pflaumen oder Aprikosen füllen. Dazu schmecken in Butter geröstete Semmelbrösel oder eine Mischung aus gemahlenem Mohn und Zucker. Oder die schnelle Beerensauce von S. 127.

90

Dampfnudeln

Ergibt 4 Portionen bzw. 8 Kugeln

500 g Mehl
1 Würfel Hefe (42 g) oder 1 Päckchen
Trockenhefe
1/2 TL Zucker
250 ml zimmerwarme Milch
1 zimmerwarmes Ei
2 TL Salz
50 g Butter

- Mehl in eine Schüssel sieben, eine Mulde
  hineindrücken und die Hefe hinein bröseln,
  Zucker und 4 EL von der Milch zur Hefe
  geben und mit etwas Mehl vermischen.
  Diesen Vorteig zugedeckt an einem warmen Ort etwa 20 Min. gehen lassen, bis er
  Blasen wirft.
- Restliche Milch, Ei und 1 TL Salz zum
  Vorteig geben. Mit den Händen so lange
  kneten, bis kein Teig mehr an den Fingern
  kleben bleibt. Das dauert etwa 3–4 Min.
- Aus dem Teig 8 Kugeln formen, auf ein
  bemehltes Brett setzen und weitere
  40 Min. gehen lassen.
- In einem Topf 400 ml Wasser zum Kochen
  bringen, 1 TL Salz und die Butter hineingeben.

- Wenn die Butter geschmolzen ist, die
  Teigkugeln hineinlegen. Den Topf mit ei-
  nem gut schließenden Deckel abdecken
  und etwa 20–30 Min. bei niedriger Hitze
  köcheln lassen. Den Deckel nicht öffnen!
- Die Dampfnudeln sind fertig, wenn die
  Flüssigkeit eingekocht ist und sie eine
  Kruste bekommen haben. Das hört man am
  Knistern.

*Sie werden heiß serviert, und dazu gehört natür-
lich die Englische Creme von S. 127 oder, ganz
raffiniert, die Sauce Caramell von S. 126.*

Tipp: Für die Zubereitung von Dampfnudeln
braucht man ein gutes Gehör, denn ob die
süßen Kugeln schon ihr salziges Krüstchen
bekommen haben, hört man am feinen
Knistern. Der Topf muss gut schließen und
darf während des Kochens nicht geöffnet
werden – sonst werden die Dampfnudeln
nicht rund und luftig, sondern klein und
fest.

91

Schwimmende Bananenklößchen

Ergibt 4 Portionen bzw. 16 Stück

500 g Stachelbeeren
1/2 l Weißwein (ersatzweise Apfelsaft)
1/4 l Apfelsaft
1 Vanilleschote
50 g Sago
100 g Zucker
1 Prise gemahlener Kardamom
2 Eiweiß
1 reife Banane
1 EL Kokosflocken

- Stachelbeeren putzen und waschen und mit Wein sowie dem ausgekratzten Mark der Vanilleschote 10 Min. auf kleiner Hitze kochen. Sago einstreuen und bei kleinster Hitze im geschlossenen Topf 15 Min. quellen lassen.
- Die Suppe mit Zucker und Kardamom abschmecken und abkühlen lassen.
- Eiweiß sehr steif (schnittfest) schlagen.
- Die geschälte Banane mit einer Gabel zerdrücken. Das Bananenmus und die Kokosflocken vorsichtig unter den Eischnee heben.
- Mit einem Teelöffel kleine Klößchen abstechen, auf die kalte Suppe geben und sofort servieren.

Eine fruchtige Variante der berühmten Iles flottantes, der »Schwimmenden Schneeier«.

92

Granatapfelbällchen

Ergibt 12 Bällchen

1/2 Granatapfel
250 Quark (40%)
2 Baisers (etwa 15 g)
4 Löffelbiskuits
2–3 EL Mandelsplitter
Minzblättchen und Ahornsirup
zum Dekorieren

- Granatapfelkerne mit einem Löffelchen aus der Schale brechen und in einer Schüssel in den Quark rühren.
- Baisers und Löffelbiskuits zerbröseln und ebenfalls in den Quark rühren.
- Die Masse etwa 2 Std. kalt stellen.
- Mit zwei Löffeln kleine runde Nocken abstechen und auf Tellerchen anrichten.
- Mit Mandelsplittern garnieren und mit Minzblättchen und Ahornsirup anrichten.

94

Moussebällchen mit Orangenlikör

Ergibt 4 Portionen bzw. 20 Bällchen

4 sehr frische Eier, getrennt
1 Prise Salz
250 g Sahne
1 Päckchen Vanillezucker
1 EL abgeriebene Orangenschale
2 EL Orangenlikör (z.B. Cointreau)
250 g Zartbitterschokolade (mind. 50% Kakaogehalt)
frische Minzblättchen zum Dekorieren

- Das Eiweiß mit Salz sehr steif (schnittfest) schlagen.
- Die Sahne sehr steif schlagen.
- Die Eigelb mit dem Vanillezucker sehr schaumig rühren und die Orangenschale sowie den Orangenlikör unterrühren.
- Die Schokolade grobhacken und in einer Metallschüssel im heißen Wasserbad schmelzen, dabei immer wieder umrühren.

- Ist die Schokolade flüssig, vom Herd nehmen, sofort unter die Eigelbmischung geben und zu einer glatten Masse verrühren.
- Danach den Eischnee und zum Schluss die geschlagene Sahne vorsichtig unterheben.
- Die Schüssel mit Folie abdecken und mind. 4 Std. im Kühlschrank fest werden lassen.
- Aus der Mousse Nocken abstechen, dazu den Löffel vor jeder Nocke in lauwarmes Wasser tauchen.
- Die Nocken auf Teller setzen und mit Minzblättchen anrichten.

Ein elegantes Dessert, das sich auch gut für ein Partybuffet eignet.

95

Dänische Ebelskivers

Grundteig – Ergibt 20 Pfannkuchenbällchen

150 g Mehl
1 TL Zucker
1/2 TL Natron oder Backpulver
2 Eier
250 ml Milch
1 TL Vanilleextrakt
2 EL geschmolzene Butter

- In einer Schüssel Mehl, Natron, Zucker, Vanilleextrakt und Salz vermischen.
- In einer anderen Schüssel die Eier verquirlen, dann die Milch und geschmolzene Butter unterrühren. Danach mit einem Holzlöffel unter die Mehlmischung rühren, bis ein glatter Teig entstanden ist.

... mit Apfelkompottfüllung

2 kleine Äpfel
8 EL Johannisbeersaft
2 EL Grieß
1 TL Vanillezucker
1 Prise Zimt
1 EL Rosinen

- Die Äpfel schälen, entkernen und in kleine Würfel schneiden, Johannisbeersaft erhitzen und alle Zutaten mit den Äpfeln 3 Min. auf dem Herd köcheln lassen. Vom Herd nehmen und etwas abkühlen lassen.
- Backofen auf 100 °C vorheizen.
- Die Augenpfanne (im allgemeinen mit sieben Backmulden) auf mittlerer Hitze erhitzen, jede Form mit etwas Butter auspinseln und warten, bis sie Bläschen wirft.
- Dann den Teig je bis zur Hälfte (etwa 1 TL) in die Backmulden füllen, in die Mitte 1 TL Apfelkompott geben, mit Teig ganz auffüllen und 3–5 Min. backen, bis sie leicht gebräunt sind.

- Danach vorsichtig die Bällchen umdrehen und weitere 3 Min. backen. Das Drehen funktioniert am besten mit Schaschlikspießen oder Holzstäben.
- Die Bällchen in eine ofenfeste Form geben und im Backofen warmstellen, während mit dem restlichen Teig ebenso verfahren wird.
- Warm servieren.

Tipp: Statt des Apfels kann man auch eine Nektarine oder 2–3 Aprikosen nehmen, dann aber die Rosinen weglassen.

Ebelskivers sind nicht nur in Skandinavien, sondern auch in Norddeutschland unter dem Namen Förtchen beliebt. Und sie werden nicht nur süß, sondern auch salzig wie auf S. 54 genossen.

Tipp: Dieser Teig eignet sich als Grundlage sowohl für süße als auch für die herzhaften Ebelskivers von S. 54. Um diese wirklich raffinierten, aber einfach zu machenden Pfannkuchenbällchen herzustellen, braucht man eine Spezialpfanne, eine sogenannte Augenpfanne. Die gibt es für etwa 20 Euro zu kaufen.

Variation: Wenn man die Eier trennt, kann man das Eiweiß steif schlagen und später unter den Teig heben, damit er noch luftiger wird.

... mit Marmeladenfüllung

150 g Marmelade (Erdbeer, Himbeer, Aprikose) oder Pflaumenmus
3 TL Zucker oder Puderzucker

- Backofen auf 100 °C vorheizen.
- Die Augenpfanne (im allgemeinen mit sieben Backmulden) auf mittlerer Hitze erhitzen, jede Form mit etwas Butter auspinseln und warten, bis sie Bläschen wirft.
- Dann den Teig je bis zur Hälfte (etwa 1 TL) in die Backmulden füllen, in die Mitte 1 TL Marmelade geben, mit Teig ganz auffüllen und 3–5 Min. backen, bis sie leicht gebräunt sind.
- Danach vorsichtig die Bällchen umdrehen und weitere 3 Min. backen. Das Drehen funktioniert am besten mit Schaschlikspießen oder Holzstäben.
- Die Bällchen in eine ofenfeste Form geben und im Backofen warmstellen, während mit dem restlichen Teig ebenso verfahren wird.
- Den Zucker über die warmen Ebelskivers streuen und sofort servieren.

... mit Schokoladenfüllung

375 g Zartbitterschokolade (mind. 50% Kakaogehalt)

- Die Schokolade zerbröckeln und vorsichtig in einer hitzefesten Form erhitzen, bis sie geschmolzen ist. Etwas abkühlen lassen.
- Die Hälfte der Schokolade in den Teig geben und gut verrühren.
- Backofen auf 100 °C vorheizen.
- Die Augenpfanne (im allgemeinen mit sieben Backmulden) auf mittlerer Hitze erhitzen, jede Form mit etwas Butter auspinseln und warten, bis sie Bläschen wirft.
- Dann den Teig je bis zur Hälfte (etwa 1 TL) in die Backmulden füllen, in die Mitte 1 TL Schokolade geben, mit Teig ganz auffüllen und 3–5 Min. backen, bis sie leicht gebräunt sind.
- Danach vorsichtig die Bällchen umdrehen und weitere 3 Min. backen. Das Drehen funktioniert am besten mit Schaschlikspießen oder Holzstäben.
- Die Bällchen in eine ofenfeste Form geben und im Backofen warmstellen, während mit dem restlichen Teig ebenso verfahren wird.
- Warm servieren.

Holländische Pfeffernüsse – Pepernoten

Ergibt 30 Pfeffernüsse

150 g Butter
125 g Farinzucker oder Rohrzucker
15 g Spekulatiusgewürz
250 g Mehl
1/2 Tütchen Backpulver
5–6 EL Milch
Salz

- Backofen auf 160 °C vorheizen.
- Alle trockenen Zutaten in einer Schüssel gründlich miteinander vermengen.
- Die Milch hineinrühren, bis der Teig schön glatt ist.
- Ein Backblech mit Backpapier auslegen.
- Aus der Masse haselnussgroße Bällchen formen, auf das Backblech geben und leicht andrücken.
- Im heißen Ofen in 15–20 Min. backen, bis sie weich und leicht gebräunt sind.
- Auskühlen lassen und in einer Blechdose aufbewahren.

Weiße Trüffel

Ergibt 30 Trüffel

100 g weiße Kochschokolade
100 weiche Butter
1 TL Vanilleessenz
1 EL Instant Coffee
3 EL Ahornsirup
100 g Milchpulver

- Schokolade im Wasserbad schmelzen, weiche Butter einrühren, danach die restlichen Zutaten.
- Aus der Masse mit feuchten Händen haselnussgroße Bällchen formen.
- Mind. 8 Stunden in den Kühlschrank stellen.

Klebreisbällchen in Kokosmilch mit Mango*

Ergibt 2 Portionen bzw. 60 Bällchen

60 g Klebreismehl
3 EL Kokosnussraspeln
50 ml lauwarmes Wasser
250 ml Kokosmilch
1 Prise Salz
50 g Zucker
1/2 Mango
Minzblätter zum Dekorieren

- Klebreismehl mit Kokosnussraspeln und Wasser zu einem geschmeidigen Teig rühren. Aus der Masse mit feuchten Händen traubengroße Bällchen formen.
- Wasser in einem Topf zum Kochen bringen, die Bällchen hineingeben und kochen, bis sie an der Oberfläche schwimmen (das geht schnell), mit einer Schaumkelle herausnehmen und sofort mit kaltem Wasser abschrecken.
- Die Kokosmilch in einem Topf mit Salz und Zucker zum Köcheln bringen, die Klebreisbällchen dazugeben und 2–3 Min. simmern lassen.
- Die Mango schälen und den Kern entfernen. In appetitliche dünne Schnitze schneiden.
- Die Sauce mit den Bällchen auf kleinen Tellerchen anrichten und mit der Minze sowie den Mangoschnitzen dekorieren.

* à la Chainarong Toperngpong

Dieses äußerst exotische Dessertvergnügen wird warm, nicht heiß, verspeist. Es ist wichtig, dass die Mango wirklich reif ist. Sie muss gut riechen und bei leichtem Druck nachgeben. Die Farbe der Schale sagt nichts über ihren Reifegrad aus. Achten Sie darauf, dass die Schale keine schwarzen Flecken hat. Es gibt das ganze Jahr hindurch frische Mangos zu kaufen, aber die besten gibt es im April und Mai.

Beilagen

Salate

Im einleitenden Kapitel für die Veggieballs habe ich sie schon beschrieben: Meine wunderbare Zeit in einer Kooperative in der amerikanischen Pampa, jenseits von New York, wo ich meine Zeit fast ausschließlich in einer zwanzig Quadratmeter großen Küche verbrachte. Zu der Zeit war mir vermutlich nicht einmal klar, dass diese Monate auf dem Land in Wirklichkeit eine Kochtherapie darstellten, die mich von den Strapazen der Großstadt geheilt hat. Im Gegensatz zu den Laubsäge-Elefanten, die das wenig brauchbare Ergebnis einer herkömmlichen Reha sind, konnte ich etwas zurückgeben und meine Mitbewohner, die Kummer gewöhnten Veganer und Allergiker, glücklich machen. Ihnen kamen die Linsen und Erbsen mangels innovativer Zubereitung schon zu den Ohren heraus, und sie waren sehr froh, dass mein Essen anders schmeckte. Nämlich gut. Das war für mich mindestens so therapeutisch wie Schwimmen mit Delphinen.
Ich konnte sie alle überraschen und erfand beim Kochen immer wieder Neues. Und ich selbst lernte Neues, denn schließlich gab es eine Vielfalt an Gemüse, Salat und Obst, wie ich sie vorher nicht kannte. Ja, manches hatte ich bis dato noch niemals gesehen, aber seitdem liebgewonnen.

Mein ganzes Kochleben war ich noch nie so kreativ wie in dieser Küche. Das lag natürlich auch an den Kisten voller frischer Tomaten, Pfirsichen, Äpfeln, Peperoni, Paprika, die sich in der Küche stapelten und an den unterschiedlichsten Kürbissen, die überall herumkugelten. Aber besonders lag es an einer meiner Mitbewohnerinnen und großartigen Köchin. Sie hieß Juliet und war amerikanische Jüdin iranisch-deutscher Abstammung. Und so war auch ihr Essen – eine exotische, wilde Mischung aus allen möglichen Gegenden dieser Erde.

Zur Veganerin oder Vegetarierin bin ich in dieser Zeit dennoch nicht geworden. Immer, wenn ich in die Stadt gefahren bin, habe ich mir einen Burger mit Speck und Käse bestellt. Und ganz für mich allein habe ich mir an einem Sonntag einmal einen kleinen Fasan geschmort, einen wirklich ganz kleinen!

Ausgewogenheit in der Ernährung ist nämlich wichtig. Deswegen kommt im folgenden Beilagenkapitel neben frischem Obst auch mal Käse oder Speck in den Salat ...

105

Bataviasalat mit Äpfeln und Walnüssen

Ergibt 6 Portionen

1 Bataviasalat, gewaschen
2 Äpfel
Saft von 1 Zitrone
15 Walnusskerne, grobgehackt
1 EL Crème fraîche
1 TL Senf
1 TL Ahornsirup
Salz, Pfeffer

- Den Bataviasalat in feine Streifen schneiden und in eine Schüssel geben.
- Die Äpfel schälen, entkernen, in kleine Würfel schneiden, mit dem Zitronensaft beträufeln und mit den Walnusskernen zum Salat geben.
- Die Crème fraîche mit Senf, Ahornsirup, Salz und Pfeffer verrühren und abschmecken.
- Die Sauce über den Salat gießen, alles miteinander vermischen und sofort servieren.

Passt zu den Lammbällchen mit Ziegenkäse von S. 61.

Eichblattsalat mit Dill

Ergibt 6 Portionen

1 Eichblattsalat, gewaschen
Saft von 1 Zitrone
3 EL Olivenöl
1 EL frischer Dill, feingehackt
1/2 TL Zucker
Salz, Pfeffer

- In einer Salatschüssel Zitronensaft, Öl, Dill und Zucker kräftig verrühren und mit Salz und Pfeffer abschmecken. Den Salat dazu geben und unterheben. Sofort servieren.

Passt zu den norwegischen Fischbällchen von S. 35.

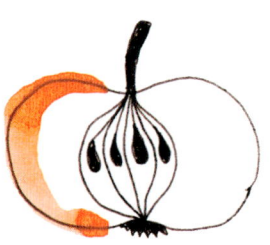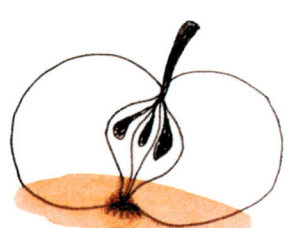

Friséesalat mit Orangen

Ergibt 6 Portionen

1 Friséesalat, gewaschen
1/2 Salatgurke
4 Orangen
1 Avocado
Saft einer 1/2 Zitrone
1 EL Crème fraîche
1 EL Cidreessig
2 Prisen Zucker
1 TL Estragon, feingeschnitten
Salz, Pfeffer
20 Kirschtomaten, halbiert
50 g schwarze Oliven

- Den Friséesalat in Streifen schneiden.
- Die Gurke schälen und in dünne Scheiben schneiden.
- Die Orangen abschälen, filetieren und die Spalten halbieren. Den austretenden Saft dabei auffangen.
- Die Avocado schälen. Das Fruchtfleisch in Scheiben schneiden und sofort mit Zitronensaft beträufeln.
- Die Crème fraîche in einer Salatschüssel mit Essig, Orangensaft, Zucker und Estragon verrühren und mit Salz und Pfeffer abschmecken. Den Friséesalat, die Kirschtomaten, Avocado, Gurke, Orangen und Oliven hinzufügen.
- Den Salat durchmischen, noch einmal abschmecken und sofort servieren.

Passt zu den Schweinehack-Chilibällchen von S. 58.

Fruchtiger Rohkostsalat

Ergibt 6 Portionen

2–3 Äpfel
1 große Sellerieknolle
6 Karotten
4 EL Zitronensaft
2 EL Sonnenblumenöl
Salz
schwarzer Pfeffer, frisch gemahlen

- Äpfel, Sellerie und Karotten schälen, Äpfel entkernen und am besten mit einer Küchenmaschine in feine Streifen raspeln. Sofort mit Zitronensaft beträufeln, dann das Öl untermischen und zum Schluss mit Salz und Pfeffer abschmecken.

Tipp: Dieser einfache Salat ist ganz köstlich und kann gut einige Stunden im Kühlschrank durchziehen.

Passt zu den Buchweizenbällchen von S. 19.

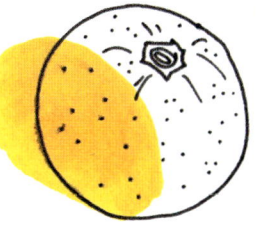
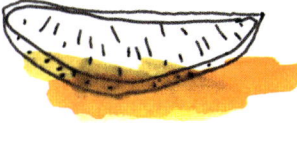

107

Ganz einfacher Tomatensalat

Ergibt 4 Portionen

4 schöne große reife Tomaten, in Scheiben
1 Gemüsezwiebel, in dünnen Ringen
3 EL roter Balsamico di Modena
3 EL Olivenöl
1/2 TL Salz
schwarzer Pfeffer, frisch gemahlen

- Tomatenscheiben und Zwiebelringe miteinander vermengen.
- Balsamico, Öl, Salz und Pfeffer im Schüttelbecher kräftig miteinander vermischen, über die Tomaten geben.
- 10 Min. durchziehen lassen und servieren.

Passt zu den Spinatgnocchi von S. 20.

Klassischer Gurkensalat

Ergibt 4 Portionen

1 Salatgurke
1 Bund Dill
1 Knoblauchzehe
100 g Sahne
einige Spritzer Zitronensaft
Salz

- Die Gurke schälen und längs halbieren. Mit einem Löffel die Kerne entfernen. Die beiden Hälften in dünne Scheiben schneiden.
- Den Dill waschen, die Spitzen von den Stielen zupfen. Die Gurkenscheiben auf 4 Tellern anrichten, die Dillspitzen darüberstreuen.
- Den Knoblauch abziehen und durch die Presse drücken. Unter die Sahne rühren, mit Zitronensaft und Salz abschmecken und über die Gurkenscheiben gießen.
- 10 Min. durchziehen lassen und servieren.

Passt zu den Räucherfischklößchen von S. 41.

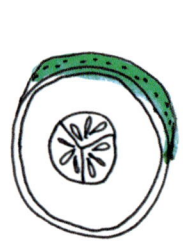

Kopfsalat mit Knoblauchvinaigrette

Ergibt 6 Portionen

1 Kopfsalat, gewaschen
2 Knoblauchzehen, zerdrückt
Saft einer Zitrone
1/2 TL Zucker
2 EL Dill, gehackt
4 EL Olivenöl
Salz, Pfeffer
1 EL glatte feingehackte Petersilie

- Den Salat kleinreißen.
- In einer Salatschüssel Zitronensaft, Öl, Dill und Zucker kräftig verrühren und mit Salz und Pfeffer abschmecken. Den Salat dazu geben und unterheben. Sofort servieren.

Passt zu den pakistanischen Lammköfte von S. 73.

Kopfsalat mit Zitronendressing

Ergibt 6 Portionen

1 Kopfsalat, gewaschen
6 EL Zitronensaft
1/2 TL brauner Zucker
1 EL flüssiger Akazienhonig
1 Knoblauchzehe, zerdrückt
4 EL Olivenöl
1/2 TL Salz
weißer Pfeffer, frisch gemahlen
1/2 Bund Schnittlauch, in Röllchen

- Den Salat kleinreißen.
- Zitronensaft, Zucker, Honig, Knoblauch, Olivenöl, Salz und Pfeffer imSchüttelbecher kräftig vermischen. Abschmecken, über den Salat geben und unterrühren. Die Schnittlauchröllchen auf den Salat streuen und sofort servieren.

Passt zu den Lachsbällchen von S. 34.

109

Kressesalat mit Speck

Ergibt 6 Portionen

100 g durchwachsener Speck
250 g Gartenkresse
50 g Parmesan, in dünne Streifen gehobelt
1 Schalotte, feingehackt
1 EL Weißweinessig
3 EL Olivenöl
2 EL feingehackte Kräuter nach Wahl
Salz
Pfeffer

- Den Speck in dünne Streifen schneiden und ohne Fett etwa 5 Min. in einer beschichteten Pfanne kräftig anbraten, anschließend auf Küchenpapier abtropfen lassen.
- Die Kresse waschen und trockentupfen.
- Den Parmesan in dünne Streifen hobeln.
- Die Schalotte in einer Salatschüssel mit Essig, Öl, Kräutern, Salz und Pfeffer kräftig verrühren. Kresse, Parmesan und den Speck hinzufügen und Salat durchmischen. Sofort servieren.

Passt zu den Grießgnocchi von S. 21.

Lollo rosso mit Champignons

Ergibt 6 Portionen

1 Kopf Lollo rosso, gewaschen
8–10 Champignons
8–10 Kirschtomaten
1–2 Schalotten, in feinen Ringen

Dressing
2 EL Johannesbeergelee
1 EL weißer Balsamico
2 EL Ölivenöl
3–4 EL Gemüsebrühe
1 TL mittelscharfer Senf
schwarzer Pfeffer, frisch gemahlen
Salz
1 Knoblauchzehe, zerdrückt

- Den Salat kleinreißen.
- Die Champignons in dünne Streifen schneiden, die Kirschtomaten halbieren und mit der Schalotte dazu geben.
- Die Zutaten für das Dressing im Schüttelbecher kräftig miteinander vermischen, über den Salat geben, verrühren und mit Salz und Pfeffer abschmecken. Sofort servieren.

Passt zu den Wildschweinklößchen von S. 64.

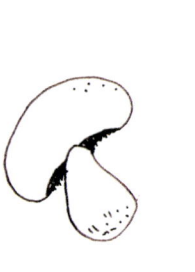

110

Schwäbischer Kartoffelsalat

Ergibt 6 Portionen

600 g festkochende Kartoffeln
125 ml Gemüse- oder Fleischbrühe
2 EL Sonnenblumenöl
3 EL Weißweinessig
1 Prise Zucker
1/2 TL weißer Pfeffer, frisch gemahlen
1/2 TL Salz
1 TL mittelscharfer Senf
1 Zwiebel, feingehackt
2 EL feingehackte glatte Petersilie

- Die Kartoffeln in Salzwasser weichkochen, abgießen, pellen, halbieren und in Scheiben schneiden.
- Kartoffeln mit der heißen Fleischbrühe übergießen und kurz durchrühren.
- Sonnenblumenöl, Weißweinessig, Zucker, Senf, Salz und Pfeffer im Schüttelbecher kräftig vermischen.
- Zwiebel und Petersilie über die Kartoffeln streuen und mit der Marinade übergießen. Sehr vorsichtig durchrühren.
- Abgedeckt bei Zimmertemperatur 2 Std. durchziehen lassen und zimmerwarm servieren.

Tipp: Nicht wundern, wenn der Salat anfangs sehr flüssig erscheint – nach einiger Zeit saugen die Kartoffeln das Dressing auf.

Passt z. B. zu den Fischklößchen von S. 48.

Reissalat mit grünen Bohnen

Ergibt 6 Portionen

300 g Prinzessbohnen
1–2 Stengel Bohnenkraut
100 g gekochter Reis
1 Tomate, feingewürfelt
1 EL Reisessig
1 TL Palmzucker
1–2 rote Chilischoten, entkernt, feingehackt
2 EL helle Sojasauce
Salz
Pfeffer
2 EL Zitronensaft

- Die Bohnen putzen, durchschneiden und 7 Min. in sprudelndem Salzwasser mit dem Bohnenkraut garkochen. Abkühlen lassen.
- Bohnen, Reis und Tomatenwürfel in einer großen Schüssel vermengen.
- Palmzucker, Zitronensaft und Reisessig kräftig verrühren, die gehackte Chili dazugeben und unter den Salat mischen. Mit Sojasauce, Pfeffer, Salz und Zitronensaft abschmecken.

Tipp: Dieser einfache Salat ist ganz köstlich und kann gut einige Stunden im Kühlschrank durchziehen.

Passt zu den Walnuss-Fleischbällchen von S. 72.

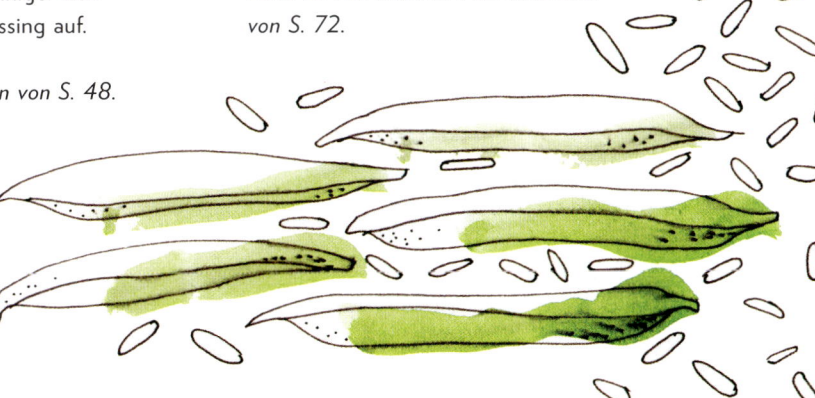

Rote-Bete-Salat

Ergibt 4 Portionen

500 g Rote Bete (aus der
Vakuumpackung)
200 g Fetakäse, zerbröselt
2–3 EL feingehackte glatte Petersilie
2 EL weißer Balsamico
2 EL Olivenöl
1 Knoblauchzehe, zerdrückt
Salz
schwarzer Pfeffer, frisch gemahlen

- Die Rote Bete in kleine Würfel schneiden
  und in eine Schüssel geben. Fetakäse und
  Petersilie dazugeben und unterrühren.
- Im Schüttelbecher Essig, Öl, Knoblauch
  sowie Salz und Pfeffer kräftig miteinander
  vermischen, über den Salat geben und unterrühren.
- Mind. 10 Min. ziehen lassen und servieren.

*Passt zu den Kartoffel-Garnelenbällchen
von S. 37.*

Rucola mit Speck und Ei

Ergibt 6 Portionen

300 g Rucola, gewaschen
200 g durchwachsener Speck
1 TL scharfer Senf
2 EL weißer Balsamico
5 EL Olivenöl
2 EL feingehackte glatte Petersilie
2 Schalotten, feingehackt
Salz, Pfeffer
6 hartgekochte Eier, halbiert

- Den Speck in sehr dünne Streifen schnei-
  den und ohne Fett mind. 5 Min. in einer
  beschichteten Pfanne kräftig anbraten. Auf
  Küchenpapier abtropfen lassen.
- In einer Salatschüssel den Senf mit dem
  Balsamico verrühren. Öl, Petersilie,
  Schalotten, Salz und Pfeffer hinzufügen und
  abschmecken.
- Rucola in die Schüssel geben und mit der
  Salatsauce vermischen, die Speckstreifen
  unterheben, die halbierten Eier auf dem
  Salat anrichten und sofort servieren.

*Passt zu den Dinkel-Rosenkohlbällchen
von S. 79.*

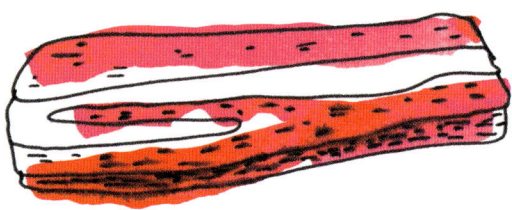

Salatherzen, Radicchio und grüner Spargel

Ergibt 4 Portionen

4 Salatherzen
1 kleiner Radicchio
12 Stangen grüner Spargel
60 ml Olivenöl
1 Schalotte, feingehackt
1 Knoblauchzehe, feingehackt
1 TL Senf
Saft von 1/2 Zitrone
Blätter von zwei Estragonzweigen, feingehackt
1/2 TL Meersalz
schwarzer Pfeffer, frisch gemahlen

- Die einzelnen Salatherzen waschen und
  trockenschleudern.
- Radicchio waschen und grobhacken.
- Spargelenden schälen und den Spargel in
  kochendem Salzwasser etwa 8 Min. kochen,
  bis sie al dente sind, in kaltem Wasser ab-
  schrecken und trocknen lassen.
- Salate und Spargel in eine Schüssel ge-
  ben.
- Für das Dressing 1 TL Olivenöl in einer
  Pfanne erhitzen und darin Schalotte und
  Knoblauch anschwitzen.
- Das verbleibende Olivenöl, Senf, Zitronen-
  saft, Estragon, Schalotte und Knoblauch in
  einer kleinen Schüssel verrühren und mit
  Salz und Pfeffer abschmecken. Über den
  Salat gießen und sofort servieren.

*Passt zu den mediterranen Fleischbällchen
von S. 60.*

Zucchini-Endiviensalat

Ergibt 4 Portionen

1 gelbe Zucchini, gewaschen
1 grüne Zucchini, gewaschen
1 halber Kopf Endiviensalat, gewaschen und
feingeschnitten
7–8 TL Olivenöl
1 Schalotte, feingehackt
1 Knoblauchzehe, feingehackt
1 TL Kreuzkümmelsamen
1 Prise Currypulver
1 TL Senf
2 TL Zitronensaft
1 TL flüssiger Blütenhonig
Salz, Pfeffer
2–3 EL Oliven, grobgehackt

- Die Zucchini in Längsrichtung vierteln. Das
  Innere entfernen und den Spargel in dünne
  Scheiben schneiden.
- 2 TL Olivenöl in einer Pfanne erhitzen
  und darin Schalotte und Knoblauch anschwitzen. Die Zucchinistücke hinzugeben
  und kurz mitgaren, aber nicht anbräunen.
  Kreuzkümmelsamen und Currypulver dazugeben und vermengen.
- Für das Dressing das restliche Olivenöl mit
  Senf, Zitronensaft, Honig, Salz und Pfeffer
  kräftig verrühren. Endivien, Oliven und
  warme Zucchini in eine Schüssel geben,
  mit dem Dressing übergießen und sofort
  servieren.

Passt zu den Putenbällchen von S. 76.

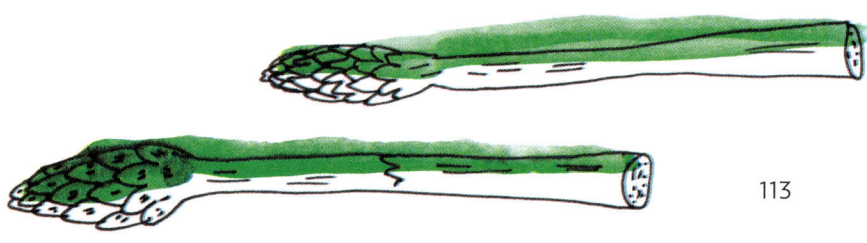

113

Thailändischer Gurkensalat

Ergibt 3 Portionen

1 Salaturke
1–2 rote Chilischoten, entkernt,
feingehackt
1/2 TL Rohr- oder Palmzucker
2 EL Limettensaft
1 Prise Salz
2 EL Koriandergrün, gezupft, feingehackt

- Die Gurke schälen und längs halbieren. Mit einem Löffel die Kerne entfernen und beide Hälften in dünne Scheiben schneiden.
- Den Palmzucker und das Salz im Limettensaft auflösen, Chilischote mit dem Koriandergrün dazugeben und verrühren. Über die Gurken geben und sofort servieren.

Passt zu den Köttbullar von S. 71.

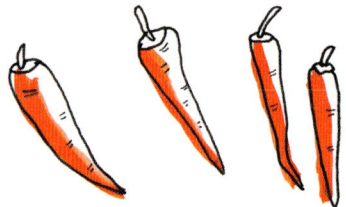

Thailändischer grüner Papayasalat

Ergibt 3 Portionen

1 mittelgroße Knoblauchzehe,
grob zerdrückt
1 Prise Salz
1 EL Palmzucker
4 Vogelaugenchilis, entkernt, grobgehackt
2 EL Trockenshrimps, kurz in Öl frittiert und abgetropft
2 EL frisch geröstete Erdnüsse
1 Spargelbohne (etwa 35 g), in etwa 1 cm langen Stücken
1 große Tomate, grobgehackt
175 g grüne Papaya, in feinen Streifen
1 1/2 EL Fischsauce
2 EL Limettensaft
4–5 Weißkohlblätter

- Knoblauch, Salz, Palmzucker und Vogelaugenchilis im Mörser zu einer Paste zerreiben.
- Trockenshrimps und Erdnüsse zugeben und grob zerstoßen. Dann Spargelbohnen- und Tomatenstücke zugeben und ebenfalls grob zerstoßen. Zuletzt die Papayastreifen zugeben und leicht zerstoßen, die Fasern sollen aufbrechen, aber nicht zermatschen.
- Mit Fischsauce, Limettensaft und Palmzucker kräftig abschmecken.

Auf den Weißkohlblättern anrichten und mit Reis sowie den Fischbällchen von S. 44. servieren.

114

Fenchel-Salat mit Orangen und Pekannüssen

Ergibt 4 Portionen

75 g Pekannüsse (ersatzweise Walnüsse)
1 unbehandelte Orange (ersatzweise
1–2 Nektarinen)
4 EL Rotweinessig
Salz
Pfeffer
1 EL Blütenhonig
4 EL Rapsöl
400 g Fenchel

- Nüsse in einer Pfanne ohne Fett rösten, bis sie duften, herausnehmen.
- Orange heiß waschen, trocken reiben und Schale in dünnen Streifen abziehen. Orange so schälen, dass die weiße Haut vollständig entfernt wird. Frucht in Scheiben schneiden.
- Für die Vinaigrette Essig, Salz, Pfeffer und Honig verquirlen. Öl tröpfchenweise darunterschlagen. Orangenzesten unter die Vinaigrette rühren.
- Fenchel putzen, waschen und in sehr dünne Scheiben schneiden. Alle vorbereiteten Zutaten mischen und auf Tellern anrichten.

Dazu passen die Rosenkohl-Dinkelbällchen von S. 79.

Radicchio-Chicoréesalat

Ergibt 6 Portionen

2 große Radicchioköpfe (250 g)
2 Chicorée (250 g)
1–2 Orangen
schwarzer Pfeffer, frisch gemahlen
100 g Natur-Joghurt, fettarm
1 TL Blütenhonig
1 TL Olivenöl
1 Schalotte, feingehackt
1 Knoblauchzehe, zerdrückt
Salz
Pfeffer
2 EL Orangensaft

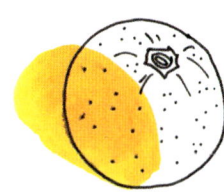

- Radicchio putzen, waschen und gut trockenschleudern. Die Köpfe vierteln. Jedes Viertel in 4–6 Scheiben schneiden.
- Chicorée putzen und waschen, am Wurzelende eine dünne Scheibe abschneiden. Nach Geschmack den leicht bitteren Strunk keilförmig herausschneiden. Chicorée quer in dünne Scheiben schneiden, mit dem Radicchio mischen.
- Die Orange schälen und in schmale Streifen schneiden. Unter den Salat mischen und anrichten.
- Salz, Pfeffer, Knoblauch, Schalotte, Orangensaft und den Joghurt verquirlen, dann das Öl kräftig unterschlagen, bis die Sauce sämig ist. Abschmecken und über den Salat träufeln, einmal vorsichtig durchmischen und sofort servieren.

Passt zu den Hühnerbällchen von S. 67.

115

Saucen

Ich lebe zwar seit über einem Jahrzehnt in Berlin, aber aufgewachsen bin ich im Schwabenland, dem berühmten »Ländle«. Und falls die deutsche Küche im allgemeinen keine hohe Wertschätzung genießen sollte, so bildet die schwäbische Küche doch eine Ausnahme. Und die Schwaben lassen auf ihre Küche bekanntlich nichts kommen. Als der Berliner Bundestagsabgeordnete Wolfgang Thierse über den Verfall des Bezirks Prenzlauer Berg wetterte und sich darüber beschwerte, dass die Brötchen in den Bäckereien nicht mehr Schrippen hießen, sondern schwäbisch Wecken, war der Schwaben Zorn geweckt!

Sie rächten sich bitter und verübten ein kulinarisches Attentat auf das Käthe-Kollwitz-Denkmal am Kollwitzplatz, indem sie die Statue mit guten schwäbischen Spätzle übergossen. »Es heißt eben nicht Wecken, sondern Weckle, Herrgottsack nochamol! Halbdackel, dieser Thierse! Froh kann er sein, etwas Schmackhaftes wie das Weckle in dieser kulinarischen Wüste serviert zu bekommen, aber der ehemalige DDR-Bürger kennt womöglich nur Formfleisch mit Sättigungsbeilage. Warum macht er nicht einen kleinen Ausflug nach Baden-Württemberg, um sich mal wieder richtig satt zu essen?« So wetterten die Schwaben voller Ernst zurück.

Tatsächlich werden im Süden Deutschlands einfache, aber raffinierte Köstlichkeiten zubereitet: Maultaschen bzw. »Herrgottsbescheißerle«, Linsen mit Spätzle und Saitawürschd (Wiener Würstchen), Schupfnudeln bzw. »Buabaspitzla« (das heißt übersetzt soviel wie Knabenpimmelchen, ist aber rein vegetarisch), Kässpätzle, Breschdlingsgsälz (Erdbeermarmelade) und vieles mehr. Und am Wochenende gibt es zur Feier des Sonntags einen Roschdbrata mit Spätzle ond Soß (Rostbraten mit hausgemachten Eiernudeln und dunkler Bratensauce.) Und zwar um Punkt zwölf Uhr, denn der Schwabe liebt sein Mittagessen pünktlich. Was er

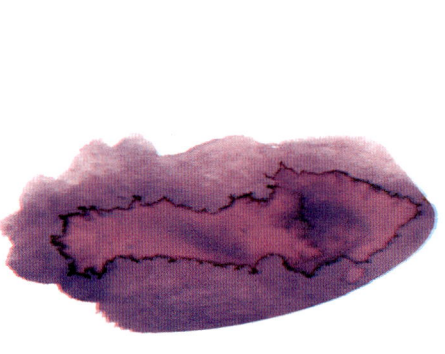

noch liebt, und damit steht und fällt in seinen Augen die Qualität eines Essens, das ist die Sauce. Spätzle ohne Sauce sind für den Schwaben wie eine Woche ohne Kehr, ein Bauer ohne Häusle oder Taschen ohne Maul. Also schlicht inakzeptabel.

Und eigentlich haben die Schwaben in diesem Punkt Recht, denn die richtige Sauce komplettiert ein schönes Essen, unterstreicht den Geschmack, bringt Spannung auf den Teller und verdoppelt ganz einfach den Genuss. Damit ist der Schwabe also alles andere als provinziell, er ist sozusagen international, wie die ausgesuchten Saucenrezepte aus aller Welt im folgenden Kapitel belegen können. Und gegen Internationalität wird nicht einmal Wolfgang Thierse etwas sagen wollen, gell?

Klassische italienische Tomatensauce

Ergibt 4 Portionen

4 große reife Fleischtomaten
1 Zwiebel, feingehackt
1 kleine Chilischote, entkernt, feingehackt
1 EL Olivenöl
3 Zweige frisches Basilikum, feingehackt
Salz, Pfeffer
1 Prise Zucker

- Die Tomaten mit einem Tomatenschäler schälen, durchschneiden, entkernen und grobhacken.
- Die Zwiebelwürfel in einem Topf in dem Olivenöl glasig dünsten.
- Die Chilischote mit den Tomaten zu den Zwiebelwürfeln geben. Einkochen lassen, mit einer Prise Zucker, Salz und Pfeffer würzen.
- Zum Schluss den feingehackten Basilikum unterrühren.

Passt hervorragend zu den römischen Grießgnocchi von S. 21.

Paprikasalsa

Ergibt Sauce für 30 Bällchen

4 rote Paprikaschoten
2 EL Olivenöl
2 große Knoblauchzehen
Meersalz
2 Chilischoten, entkernt, grobgehackt
1 Schalotte, feingehackt
1 TL Kreuzkümmel
1 TL gemahlener Koriandersamen
4 EL Sahne
4 EL glatte Petersilie, feingehackt
schwarzer Pfeffer, frisch gemahlen

- Backofen auf 220 °C vorheizen.
- Alufolie auf ein Backblech legen und mit 1 EL Olivenöl einpinseln.
- Paprika waschen, teilen und aushöhlen und mit den geschälten und ganzen Knoblauchzehen auf das Backblech legen. Mit etwas Meersalz bestreuen.
- Im Backofen etwa 15–20 Min. rösten, bis die Haut braun wird und Blasen wirft.
- Aus dem Backofen nehmen und die Haut abziehen.
- Die Paprika mit dem Knoblauch und den Chilischoten fein pürieren.
- Schalotte in 1 EL Olivenöl leicht anschwitzen. Paprikapüree, Koriandersamen und Kreuzkümmel hinzugeben und kurz verrühren.
- Die Sahne unter die Sauce rühren, vom Feuer nehmen. Petersilie unterrühren und mit Salz und Pfeffer abschmecken.

Dazu passen die Chilibällchen mit Schweinehack von S. 52 sowie die Lammbällchen mit Ziegenkäse von S. 61.

118

Hummus

Ergibt Sauce für 20 Falafel

300 g getrocknete Kichererbsen
50 ml Olivenöl
Saft von einer 1/2 Zitrone
2 Knoblauchzehen, feingehackt
2 EL glatte Petersilie oder Dill, feingehackt
1/2 TL Salz
1/2 TL Pfeffer
1/2 TL Paprikapulver
1/4 TL Cayennepfeffer
1/2 TL gemahlener Kreuzkümmel
3 EL Tahina (Sesampaste)

- Die Kichererbsen über Nacht in Wasser einweichen, mind. jedoch 4 Std.
- Die Kichererbsen abtropfen lassen, in einem Topf mit viel Wasser zum Kochen bringen und 1 Std. köcheln lassen. Danach abermals abtropfen lassen.
- Kichererbsen, Zitronensaft und Knoblauch im Mixer oder mit einem Pürierstab pürieren.
- Alle Gewürze einarbeiten und evtl. mit 1–2 EL Wasser oder Gemüsebrühe verdünnen. Zum Schluss noch einmal kräftig abschmecken.

Passt hervorragend zu den Falafel von S. 18.

Einfache Guacamole

Ergibt Dip für 20 Bällchen

3 reife Avocados
Saft einer Limette
1 Prise brauner Zucker
1 EL Olivenöl
2 EL feingehacktes Koriandergrün (nach Belieben)
Meersalz
Pfeffer, frisch gemahlen

- Avocados schälen und in Stückchen schneiden.
- Den Limettensaft mit dem Zucker und dem Olivenöl aufschlagen, über die Avocados geben und mit einer Gabel kräftig vermengen. Die Paste soll leicht breiig sein. Wer die Guacamole sehr fein mag, sollte einen Mörser benutzen.
- Nach Belieben noch feingehackten Koriander unterrühren und mit Meersalz und Pfeffer abschmecken.

Dazu passen die Minifleischbällchen von S. 65 und die Lammköfte von S. 73.

119

Feurige Salsa

**Ergibt 4 Portionen, ausreichend
für etwa 30 Bällchen**

6 Tomaten
1–2 rote Zwiebeln, feingehackt
2 Limetten
1 EL brauner Zucker
3–5 Chilischoten, entkernt, feingehackt
2 EL Olivenöl
5 EL Koriandergrün, gezupft (oder glatte
Petersilie)
Salz
schwarzer Pfeffer, frisch gemahlen

- Die Tomaten mit dem Tomatenschäler schälen und in feine Würfelchen schneiden.
- Die Zwiebelwürfel dazugeben.
- Die Limetten auspressen und mit dem braunen Zucker, den Chilischoten, dem Olivenöl
  und dem Koriander mischen und über die
  Tomaten geben.
- Verrühren und mit Salz, Pfeffer und ggf.
  noch etwas Zucker abschmecken.

*Dazu passen die Pakistanischen Lammköfte
von S. 73, die Minifleischbällchen von S. 65
und die Blumenkohlbällchen von S. 25.*

Klassische amerikanische BBQ-Sauce

Ergibt etwa 250 ml

500 g Tomaten
10 g Butter
2 Zwiebeln, feingehackt
1 EL Ingwer, feingerieben
4 Knoblauchzehen, feingehackt
4 EL Ketchup
2 EL Rohrzucker
2 EL roten Balsamico
2–3 TL Sambal Oelek (indonesische
Chilipaste)

- Tomaten mit einem Tomatenschäler schälen,
  durchschneiden, entkernen und in kleine
  Würfel schneiden.
- Butter in einem Topf zerlassen, Tomaten,
  Zwiebelwürfel und Ingwer zugeben und etwa
  3 Min. unter Rühren köcheln.
- Knoblauch, Ketchup und Zucker dazugeben
  und mit Essig und Sambal Oelek abschmecken.

Tipp: Die Sauce hält gekühlt eine Woche.

*Passt zu den British Style Meatballs von S. 53
und natürlich zu dem amerikanischen Meatloaf
von S. 66.*

Koriander-Joghurtsauce

Ergibt Sauce für 30 Bällchen

1 Knoblauchzehe
4–5 EL Korianderwurzeln
250 g Joghurt
3 EL Koriandergrün, gehackt
1/2 TL Currypulver
1/2 TL Salz
1/2 TL Pfeffer
1 EL Zitronensaft

- Knoblauch und Korianderwurzeln im Mörser zerkleinern und danach mit allen anderen Zutaten in den Joghurt einrühren.

Tipp: Statt Koriander schmeckt natürlich auch glatte Petersilie sehr gut.

Passt zu den Erbsenbällchen von S. 22, den Maisbällchen von S. 16 und den Bohnenbällchen mit Krabben von S. 38.

Sauerscharfe Sauce

Ergibt Sauce für 15 Bällchen

1 kleine rote Chilischote, entkernt, feingehackt
5 EL Reisessig
3 EL helle Sojasauce
2 EL Reiswein
1/2 TL Zucker oder Palmzucker
1 EL Schnittlauch, in Röllchen

- Alle Zutaten in eine Schüssel geben und kräftig verrühren.

Passt zu den Kürbisbällchen von S. 24 und den indonesischen Garnelenbällchen von S. 45.

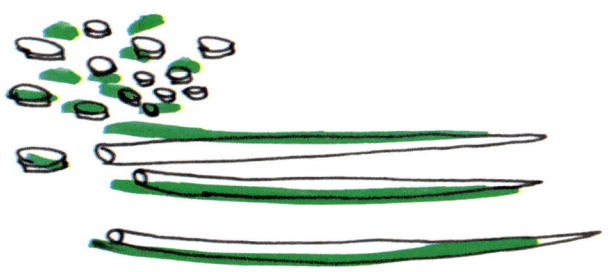

121

Scharfer Senfdip

Ergibt Dip für 20 Bällchen

4 EL gekörnter Senf
1 TL Senfpulver
1 EL flüssiger Blütenhonig
2 EL Weißweinessig
4 EL Olivenöl
2 EL Dill, gehackt

- Senf, Senfpulver, Honig und Weißweinessig in einer kleinen Schüssel kräftig verrühren.
- Das Öl tropfenweise zugießen und mit einem kleinen Schneebesen zu einer dicken geschmeidigen Creme schlagen. Den gehackten Dill einrühren und als Dip servieren.

Passt zu den Krebsfleischbällchen von S. 36.

Thaidip zu Fisch

Ergibt Dip für 20 Bällchen

4 EL Fischsauce
Saft von 1 Limette
1–2 rote Chilischoten, entkernt, feingehackt
2 Knoblauchzehen, zerdrückt
1 TL Rohr- oder Palmzucker
1/2 Frühlingszwiebel, in Röllchen
Limettenscheiben zum Dekorieren

- Alle Zutaten mit einem Löffel gut vermischen, bis sich der Zucker aufgelöst hat. Etwa 20 Min. ziehen lassen und mit Limettenscheiben garniert servieren.

Passt zu den Fischbällchen von S. 44.

122

Limetten-Chilisauce

Ergibt 100 ml Sauce für 20 Bällchen

1 Schalotte, feingehackt
1 Knoblauchzehe, feingehackt
2 Chilischoten, entkernt, feingehackt
Saft von 2 Limetten
1/2 TL Salz
3–4 EL Olivenöl

- Alle Zutaten im Mörser oder Mixer zu einer sämigen Paste pürieren. Zugedeckt mind. 1 Stunde ziehen lassen.

Tipp: Statt Petersilie schmeckt natürlich auch Basilikum sehr gut.

Passt besonders gut zu den Garnelenbällchen von S. 37.

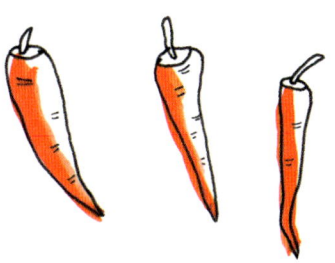

Süße Chilisauce

Ergibt etwa 200 ml

2 rote Chillischoten, entkernt und sehr feingehackt
1 TL grobes Meersalz
180 ml Wasser
120 g Zucker
60 ml Reisessig
3 Knoblauchzehen, zerdrückt
1 EL Reis- oder Kartoffelstärke
2 EL Wasser zum Anrühren

- Alle Zutaten, bis auf die Stärke, mit dem Pürierstab oder in einem Mixer bis zur gewünschten Konsistenz zerkleinern.
- In einem Topf bei mittlerer Hitze aufkochen, dann auf kleiner Flamme etwa 3 Min. etwas andicken lassen.
- Die Stärke mit 2 EL Wasser anrühren, unter die Sauce rühren und einmal aufkochen lassen, damit die Sauce weiter eindickt.
- Abkühlen lassen und in einer kleinen Flasche im Kühlschrank aufbewahren.

Passt zu den Perlenbällchen von S. 56 und 57.

123

Aioli

Ergibt Dip für 25 Bällchen

2 Eigelb
2–3 Knoblauchzehen, zerdrückt
1 EL Zitronensaft
Salz, Pfeffer
1/2 TL Senf
1 Prise Cayennepfeffer
250 ml Olivenöl

- Alle Zutaten, bis auf das Olivenöl, in einer Schüssel verrühren. Öl ganz leicht erwärmen und erst tropfenweise, dann in einem dünnen Strahl unterrühren.

Passt z. B. zu den Hühnerbällchen von S. 68 und den albanischen Qofte von S. 70.

Kräutermayonnaise

Ergibt Dip für 25 Bällchen

3 hart gekochte Eier
1/2 TL scharfer Senf
2 EL Weißweinessig
Salz, Pfeffer
250 ml Olivenöl
50 g Kapern
50 g Cornichons
2 EL frische Kräuter (Petersilie, Estragon, Kerbel)

- Die Eier halbieren. Die Eigelb herausnehmen und in einer Schüssel zu einer glatten Paste zerdrücken. Senf, Essig, Salz und Pfeffer hinzufügen und das Öl, zunächst tropfenweise und dann in einem feinen Strahl, unter laufendem Rühren einlaufen lassen.
- Sobald eine dickflüssige, glänzende Sauce entstanden ist, die Kapern, die gehackten Cornichons, die Kräuter und die Hälfte des fein geschnittenen Eiweiß hinzufügen.

Passt zu den Krebsfleischbällchen von S. 36 und den englischen Fleischbällchen von S. 53.

124

Petersilienpesto

Ergibt etwa 200 ml Pesto

80 g glatte Petersilie, feingehackt
2 Knoblauchzehen, zerdrückt
50 g Pinienkerne
200 ml Olivenöl
50 g Parmesan, frisch gerieben
schwarzer Pfeffer, frisch gemahlen
1/2 TL Salz

- Petersilie zusammen mit Knoblauch und Pinienkernen im Mörser (oder Mixer) fein zerstoßen.
- Olivenöl nach und nach angießen und zum Schluss den Parmesan darunter rühren. Mit frisch gemahlenem schwarzen Pfeffer abschmecken.

Tipp: Statt Petersilie schmeckt natürlich auch Basilikum sehr gut.

Passt zu den würzigen Putenbällchen von S. 76.

Gurkenraita

Ergibt Dip für 25 Bällchen

1 Gurke
250 ml Joghurt
1 TL Senfkörner
1 TL Kreuzkümmel
1/2 TL geriebener Ingwer
Pfeffer, Salz

- Die geschälte Gurke fein hacken und mit dem Joghurt mischen.
- Gemahlene Senfkörner und gemahlenen Kreuzkümmel in einer trockenen Pfanne kurz anrösten. Dieses und den Ingwer in die Joghurtmischung rühren. Mit Salz und Pfeffer abschmecken.
- Mit Paprikapulver garnieren.

Passt zu den sri-lankischen Hackbällchen von S. 59.

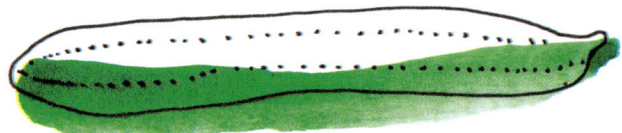

125

Sauce Caramell

Ergibt Sauce für 10 Bällchen

120 g Zucker
170 g Sahne
5 El Alkohol (brauner Rum, Kaffeelikör,
Calvados ...)

- Den Zucker in einem kleinen Topf goldbraun karamelisieren lassen, Zeitgleich die Sahne erhitzen und zu der Zuckermasse geben. Vorsichtig, sofort gut rühren, denn die Sahne tendiert dazu aufzusteigen.
- Unter Rühren einkochen lassen, bis die Konsistenz etwas dünnflüssiger ist als gewünscht, sofort vom Herd nehmen und abkühlen lassen, dabei dickt die Sauce nach.
- Erst mit Alkohol abschmecken, wenn die Sauce kalt ist.

Passt zu den Dampfnudeln von S. 91 oder zu den Ebelskivers von S. 96 und 97.

Gekochte Sahne – Panna cotta

Ergibt 4 Portionen

500 ml Sahne
50 g Zucker
2 g Agar-Agar (pflanzliches Geliermittel)
1 Beutel Vanillezucker

- Die Sahne mit dem Zucker und dem Agar-Agar in einen Topf geben und auf mittlerer Flamme so lange kochen, bis der Siedepunkt erreicht ist, dann sofort vom Feuer nehmen.
- Die so gekochte Sahne noch einmal durchrühren in entsprechende Behälter gießen, mit Klarsichtfolie abdecken und kalt stellen.

Tipp: Wer mag, kocht auch noch eine Vanillestange, der Länge nach aufgeschlitzt, mit und entfernt sie bevor der Siedepunkt erreicht ist.

Passt sehr gut zu den Zimtkugeln von S. 85.

126

Englische Creme

Ergibt 6 Portionen

1 Vanilleschote
500 ml Milch
3 Eier
1 Prise Salz
50 g Zucker

- Die Vanilleschote der Länge nach auf-
schneiden und mit der Milch in einem Topf
zum Kochen bringen, auf kleinste Hitze
schalten und die Milch 7–8 Min. ziehen
lassen.
- Inzwischen im Wasserbad die Eier verquirlen, Salz und Zucker hinzufügen und das
Ganze mit einem Schneebesen gut vermischen. Die Vanilleschote aus der Milch
nehmen, auskratzen und die Milch unter
Rühren zu den Eiern gießen.
- Die Masse im Wasserbad so lange gleich-
mäßig weiterrühren, bis die Creme beginnt
dick zu werden. Auf keinen Fall kochen
lassen. Die Creme ist fertig, wenn sie einen
Kochlöffel überzieht.
- Die Creme in eine tiefe Schüssel gießen
und sofort mit Klarsichtfolie bedecken,
damit sich keine Haut bildet.
- Bis zum Servieren im Kühlschrank kaltstellen.

Tipp: Wenn Sie ein anderes Aroma als
Vanille wünschen, lassen Sie einfach die
Vanillestange weg und aromatisieren statt-
dessen mit Kaffee oder Rum oder wonach
Ihnen der Sinn steht.

*Passt zu den Zimtkugeln von S. 85 und den
Topfenknödeln von S. 90.*

Beerensauce

Ergibt 6 Portionen

350 g Tiefkühlbeeren
Zucker

- Die Packung Tiefkühlbeeren in einem Topf
sanft erhitzen, pürieren und nach Bedarf
zuckern.

*Passt zu den Topfenknödeln von S. 90 sowie
zu den Dampfnudeln von S. 91.*

127

Buffetvorschläge

Frühstücksbrunch für 10 Personen

Blauschimmelkäse-Birnenbällchen 29
Türkische Linsenköfte 15
Cheese balls à la Zofia 23
Koreanische Reisbällchen 42
Thailändische Fischbällchen 44
Italienische Minifleischbällchen 65
Chinesische Hühnerbällchen 80
Zucchini-Endiviensalat 113
Rucola mit Speck 112
Fenchelsalat mit Orangen 115
Guacamole 119
Sauerscharfe Sauce 121
Granatapfelbällchen 94
Weiße Trüffel 99
Sauce Caramell 126

Zünftiges Buffet für 30 Personen

Spanische Ziegenkäsebällchen 27
Süßkartoffelbällchen 17
Walnuss-Fetabällchen 28
Gebackene Lachsbällchen 34
Norwegische Fischbällchen 35
Fischklößchen von der Waterkant 48
Meatloaf Slap 'yo Momma 66
Pakistanische Lammköfte 73
Würzige Putenbällchen 76
Bataviasalat mit Äpfeln und Walnüssen 106
Schwäbischer Kartoffelsalat 111
Kressesalat mit Speck 110
Fruchtiger Rohkostsalat 107
Hummus 119
Einfache Guacamole 119
Feurige Salsa 120
Klassische amerikanische BBQ-Sauce 120
Zimtkugeln 85

Rumbömbchen 88
Dänische Ebelskivers
mit Apfelkompottfüllung 96
Englische Creme 127

**Mediterranes Buffet
für 20–30 Personen**

Sizilianische Blumenkohlbällchen 25
Spinat-Ricottaklößchen 26
Spanische Ziegenkäsebällchen 27
Mediterrane Fleischbällchen 60
Lammbällchen mit Ziegenkäse 61
Italienische Minifleischbällchen 65
Ganz einfacher Tomatensalat 108
Lollo rosso mit Champignons 110
Salatherzen, Radicchio
und grüner Spargel 113
Zucchini-Endiviensalat 113
Paprikasalsa 118
Hummus 119
Einfache Guacamole 119
Feurige Salsa 120
Tiramisukügelchen 86
Granatapfelbällchen 94

Veggie Party für
20–30 Personen

Türkische Linsenköfte 15
Süßkartoffelbällchen 17
Falafel 18
Grüne Erbsenbällchen 22
Sizilianische Blumenkohlbällchen 25
Spinat-Ricottaklößchen 26
Spanische Ziegenkäsebällchen 27
Bataviasalat mit Äpfeln
und Walnüssen 106
Salatherzen, Radicchio
und grüner Spargel 113
Fenchelsalat mit Orangen 115
Koriander-Joghurtsauce 121
Hummus 119
Feurige Salsa 120
Granatapfelbällchen 94
Tiramisukügelchen 86

Sommerliches Gartenbuffet
für 15–25 Personen

Kichererbsenbällchen 18
Grüne Erbsenbällchen 22
Spinat-Ricottaklößchen 26
Kartoffel-Garnelenbällchen 37
Räucherfischklößchen 41
Mediterrane Fleischbällchen 60
Hühner-Käsebällchen Buffalo 68
Ganz einfacher Tomatensalat 108
Salatherzen, Radicchio
und grüner Spargel 113
Fenchelsalat mit Orangen 115
Schwäbischer Kartoffelsalat 111
Hummus 119
Koriander-Joghurtsauce 121
Paprikasalsa 118
Schokoladentrüffel 84
Granatapfelbällchen 94
Moussebällchen mit Orangenlikör 95

Buffetvorschläge

**Herbstliches Buffet für
15–25 Personen**

Pikante Buchweizenbällchen 19
Maisbällchen 16
Cheese Balls à la Zofia 23
Amerikanische Krebsfleischbällchen 36
Bohnenbällchen mit Krabben
und Koriander 38
Dänische Ebelskivers
mit Wirsingfüllung 54
Wildschweinklößchen mit Zwiebelkonfit 64
Reissalat mit grünen Bohnen 111
Rote-Bete-Salat 112
Rohkostsalat 107
Radicchio-Chicoréesalat 115
Scharfer Senfdip 122
Feurige Salsa 120
Energiebällchen 87
Rumbömbchen 88
Beerensauce 127

**Amerikanisches Buffet für
20–30 Personen**

Süßkartoffelbällchen 17
Cheese Balls à la Zofia 23
Bohnenbällchen 14
Meatloaf Slap 'yo Momma 66
New York Style Chicken Balls 67
Krebsfleischbällchen 36
Gebackene Lachsbällchen 34
Fenchelsalat mit Orangen 115
Rucola mit Speck 112

Rote-Bete-Salat 112
Kräutermayonnaise 124
Klassische BBQ-Sauce 120
Feurige Salsa 120
Schokoladentrüffel 84
Vanilleeis mit Sauce Caramell 126

**Großes asiatisches Buffet für
20–30 Personen**

Sushibällchen 43
Thailändische Fischbällchen 44
Indonesische Garnelenbällchen 45
Sri-lankische Hackbällchen 59
Chinesische Perlenbällchen
Land und Wasser 56
Chinesische Hühnerbällchen 80
Thailändischer Gurkensalat 114
Thailändischer grüner
Papayasalat 114
Sauerscharfe Sauce 121
Thaidip 122
Limetten-Chilisauce 123
Süße Chilisauce 123
Sojasauce
Klebreisbällchen in Kokosmilch 100
Obstplatte mit Ananas, Mango,
Melone, Kiwis und Birnen

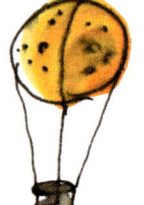

**Kleines asiatisches Buffet
für 10–15 Personen**

Thailändische Fischbällchen 44
Koreanische Reisbällchen 42
Indonesische
Schweinehack-Chilibällchen 58
Thailändischer Gurkensalat 114
Thailändischer grüner Papayasalat 114
Thaidip 122
Sojasauce
Sauerscharfe Sauce 121
Obstplatte mit Ananas, Mango,
Melone, Kiwis und Birnen

**Geburtstagsbuffet für 10 Große
und Kleine**

Maisbällchen 16
Falafel 18
Walnuss-Fetabällchen 28
Norwegische Fischbällchen 35
Mediterrane Fleischbällchen 60
Köttbullar 71
Klassischer Gurkensalat 108
Schwäbischer Kartoffelsalat 111
Fruchtiger Rohkostsalat 107
Paprikasalsa 118
Hummus 119
Ebelskivers mit Marmelade 97
Ebelskivers mit Schokolade 97
Holländische Pfeffernüsse 98
Zimtkugeln 85
Englische Creme 127

Fußballabend für 10 Personen

Türkische Linsenköfte 15
Sizilianische Blumenkohlbällchen 25
Gebackene Lachsbällchen 34
Fischklößchen von der Waterkant 48
Albanische Qofte 70
Chilibällchen mit Schweinehack 52
British Style Meatballs 53
Kopfsalat mit Knoblauchvinaigrette 109
Schwäbischer Kartoffelsalat 111
Klassischer Gurkensalat 108
Feurige Salsa 120
Amerikanische BBQ-Sauce 120
Tiramisukügelchen 86

Gruppenregister

Chinesische Perlenbällchen
mit Fleisch 57
Dinkel-Rosenkohlbällchen
mit Wurstbrät 79
Ebelskivers mit Wirsingfüllung 54
Fleischbällchen, italienische 65
Fleischbällchen, mediterrane 60
Fleischbällchen, persische 72
Fleischbällchen, sri-lankische 59
Fleischklops, amerikanischer 66
Fleischklößchen, englische 53
Fleischklößchen, schwedische 71
Hühnerbällchen, ameri-
kanische 67
Hühnerbällchen,
chinesische 80
Hühnerbällchen,
amerikanische 68
Köfte, albanische 70
Köfte, pakistanische 73
Königsberger Klopse 62
Köttbullar 71
Lammbällchen mit Ziegenkäse 61
Lammköfte, pakistanische 73
Leberknödel 75
Meatloaf 66
Rosenkohlbällchen mit
Wurstbrät 79
Schinkenbällchen, dänische 54
Schweinehack-Chilibällchen,
indonesische 52
Shrimpbällchen, chinesische 56
Wildschweinklößchen 64
Wirsingbällchen, dänische 54

SWEETBALLS

Bananenklößchen 92
Dampfnudeln 91
Dänische Ebelskivers mit
Apfelfüllung 96
Dänische Ebelskivers
mit Marmeladenfüllung 97
Dänische Ebelskivers
mit Schokoladenfüllung 97
Energiebällchen 87
Granatapfelbällchen 94
Haferflockenbällchen 87
Klebreisbällchen 100
Marzipankartoffeln 89
Moussebällchen 95
Rumbömbchen 88
Schokoladentrüffel 84
Tiramisukugeln 86
Topfenknödel 90
Weiße Trüffel 99
Zimtkugeln 85

133

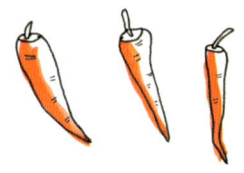

Alphabetisches Register

A

Ahornsirup 29, 66, 87, 106

Äpfel 96, 106

Apfelsaft 92

Augenbohnen 14, 38, 107, 119

Avocado 107, 119

B

Backpflaumen 72

Baiser 94

Bananen 92

Bataviasalat 106

Beeren 127

Birnen 29

Blauschimmelkäse 29

Blumenkohl 25

Blütenhonig 17, 29, 113, 115, 122

Bohnen, grüne 111

Brathuhn 68

Bratwurst 60, 65, 67, 71, 78

Bratwurstbrät 60, 65, 67, 71, 78

Buchweizen 19

Bulgur 14, 15, 38, 70

Butterkekse 88

Butternusskürbis 16

C

Champignons 110

Cheddar 68

Chicoréesalat 115

Chili 52, 58, 123

Chiliflocken 70

Cidre 40

Couscous 16

Crab Meat 36

Crème fraîche 16, 30, 40, 106

D

Datteln 72

Dill 18, 34. 41, 49, 107

Dinkel 79

Dorsch 35

E

Eichblattsalat 107

Eier 112, 124, 127

Emmentaler 19

Endiviensalat 113

Erbsen 18

Erdnüsse 114

F

Feta 28. 112

Fischfond 40

Fleischbrühe 62, 71, 75, 111

Fleischtomaten 118

Forelle 46

Friséesalat 107

Frühlingszwiebeln 14, 15, 45, 56, 57

G

Garnelen 37, 42, 45

Gemüsebrühe 19, 110

Gouda 19

Granatapfel 94

Greyerzer 23

Grieß 21, 31

Gruyère 31

H

Hackfleisch 53, 57, 60, 62, 66, 70, 71

Haferflocken 87

Hartweizengrieß 30

Hecht 40

Himbeergeist 89

Hokkaidokürbis 24

Honig 109, 113, 115, 122

Hot Sauce 36, 66, 68

Hühnerbrühe 76, 77

Hühnerbrust 75, 80

Hühnerhack 67

Hüttenkäse 26

I

Ingwer 14, 36, 38, 43 56, 57, 58, 66, 73, 80, 120, 125

J

Jalapeno 58

Joghurt 75, 121

Johannisbeergelee 64

Johannisbeersaft 96

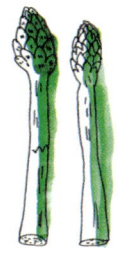

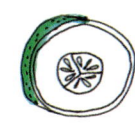

Vita

Juliane Pieper, geboren 1975, nutzt ihre linke
Hand als freiberufliche Illustratorin, Künstlerin,
Autorin und Grafikerin. Ihre rechte Hand
rührt überwiegend in Kochtöpfen. Sie hat als
Fulbright-Stipendiatin ihren Master of Arts in
Illustration in New York gemacht und lebt und
kocht heute in Berlin. Ihre Illustrationen sind
häufig ausgezeichnet worden und dasselbe gilt
für ihre Rezepte: einfach ausgezeichnet!

Danksagung

Bedanken möchte ich mich bei meiner
Verlegerin Nicola Stuart für die intensive und
gleichzeitig entspannte Zusammenarbeit.
Bei meinem Literaturagenten Elmar Klupsch,
der mich bei allen Entscheidungen rund um
»meine« Bücher professionell und freundschaft-
lich berät.
Und nicht zu vergessen bei Holger, der
nicht nur geduldig erträgt, wie ich beim
Büchermachen leise und laut vor mich hin-
fluche, sondern – hilfsbereit, wie er ist – aus
meinem Gekrakel sogar perfekt abgetippte
Rezepte gezaubert hat.
Bedanken möchte ich mich auch bei meinen
Eltern Helga und Jochen. Sie haben nie ernst-
haft versucht, mir die brotlosen Künste, die ich
im Laufe sehr vieler Jahre studiert habe, auszu-
reden. Und jetzt habe ich sogar ein sättigendes
Buch gemacht! Vielleicht wird doch noch was
aus mir ...

138

© 2014 Verlagshaus Jacoby & Stuart, Berlin
Alle Rechte vorbehalten
Gestaltung und Satz: Juliane Pieper, Berlin
Vermittelt durch die Literarische Agentur BookaBook Elmar Klupsch
Druck und Bindung: DZS Grafik, d.o.o.
Printed in Slovenia
ISBN 978-3-942787-26-0
www.jacobystuart.de
Unsere Trailer auf www.youtube.com/jacobystuart